Anna Hobusch

Umgang mit Konflikten in der Grundschule

Praxiserprobte Methoden und Hilfen für mehr Sicherheit in kniffligen Situationen

PERSEN

Anna Hobusch studierte Germanistik, Geschichte und Ausländerpädagogik für das Lehramt in Oldenburg. Sie war über zehn Jahre an einer Brennpunktschule in Bremen tätig, wo sie als Ausländerpädagogin an der Entwicklung von Konzepten und Verfahren für die Kompetenzentwicklung im Bereich Deutsch als Zweitsprache und der Integration von Migranten arbeitete. 1999 wechselte sie als Konrektorin nach Oldenburg (Niedersachsen). Von 2003 bis 2018 war sie Schulleiterin an einer Grundschule in Rastede (Niedersachsen).

Wir verwenden in unseren Werken eine genderneutrale Sprache, damit sich alle gleichermaßen angesprochen fühlen. Wenn keine neutrale Formulierung möglich ist, nennen wir die weibliche und die männliche Form. In Fällen, in denen wir aufgrund einer besseren Lesbarkeit nur ein Geschlecht nennen können, achten wir darauf, den unterschiedlichen Geschlechtsidentitäten gleichermaßen gerecht zu werden.

2. Auflage 2024

AAP Lehrerwelt GmbH
Veritaskai 3
21079 Hamburg
Telefon: +49 (0) 40325083-040
E-Mail: info@lehrerwelt.de
Geschäftsführung: Andrea Fischer, Sandra Saghbazarian, Robin Schlenkhoff
USt-ID: DE 173 77 61 42
Register: AG Hamburg HRB/126335

Autorschaft:	Anna Hobusch
Covergestaltung:	TSA&B Werbeagentur GmbH, Hamburg
Coverillustration:	Julia Flasche
Illustrationen:	Julia Flasche (Kopfzeile, Kinder Seite 60) sowie Katharina Reichert-Scarborough
Satz:	Satzpunkt Ursula Ewert GmbH, Bayreuth
Druck und Bindung:	Druckerei Joh. Walch GmbH & Co KG, Augsburg

ISBN/Bestellnummer: 978-3-403-20147-2
www.persen.de

Digitales Zusatzmaterial:

Alle Vorlagen als veränderbare Worddateien.

Vorwort

Der heutige Schulalltag stellt immer höhere Anforderungen an Lehrkräfte. Es wird von uns verlangt, kleinere und größere Konflikte, Spannungen und Ärger zusätzlich zum Unterricht zu bewältigen. Zudem kommen ständig neue Herausforderungen wie Inklusion, Überarbeitung der Lehrpläne, die veränderte Schüler- und Elternschaft usw. auf die Schulen zu. Dies bedeutet eine Zunahme von persönlichen, sachlichen, organisatorischen und professionellen Spannungsfeldern. Aufgrund der wachsenden Komplexität der Anforderungen wird ein konstruktiver Umgang mit Meinungsverschiedenheiten, zwischenmenschlichen Differenzen oder Interessensunterschieden immer notwendiger.

Der vorliegende Ratgeber bietet Ihnen Informationen und Handwerkszeug für das Erkennen, Verstehen, Vermeiden und Bewältigen verschiedener Konfliktsituationen, die ich mithilfe von typischen, anschaulichen Fallbeispielen[1] aus meiner Praxis verdeutliche. Dabei steht bei meiner Betrachtung die Lehrkraft bei der Konfliktbearbeitung im Mittelpunkt. Wir Lehrkräfte sind die Mediatoren. Wir gestalten das Klima innerhalb der sozialen Gemeinschaft der Klasse entscheidend mit. Wir sorgen für eine gute Atmosphäre in der Elternschaft. Wir erkennen rechtzeitig aufkommende Konflikte und tragen zur Lösung bei. Wir sorgen für einen störungsfreien Unterricht. Wir unterbinden respektloses Verhalten. Wir verhindern Gewalttätigkeiten.

Der richtige Umgang mit Konflikten ist sicherlich die größte und schwierigste Herausforderung in unserem Schulalltag. Häufig herrscht bei uns Ratlosigkeit in problematischen Situationen, die manchmal zu Reaktions- und Handlungsunfähigkeit oder inadäquatem Verhalten führt. Damit guter Unterricht gelingen kann, müssen die Rahmenbedingungen stimmen, d.h. auch, das soziale Klima in einer Klasse muss in Ordnung sein und jeder Schüler[2] sollte sich in der Klasse wohlfühlen.

Vielleicht denken Sie: „Ich habe schon so viel ausprobiert, aber geändert hat sich kaum etwas." Da kann ich Sie nur ermutigen, nicht aufzugeben. Wenn ich mich an meine ersten Berufsjahre zurückerinnere, war es für mich auch nicht immer einfach, den richtigen Weg im Umgang mit Konflikten zu finden. Ich hoffe, dass Sie durch meine angebotenen Ratschläge ein Repertoire an Handlungsalternativen erhalten, die in Zukunft einen besseren Umgang mit schwierigen Situationen ermöglichen.

[1] Alle Namen in den Fallbeispielen wurden verändert.

[2] Wir sprechen hier wegen der besseren Lesbarkeit von Schülern bzw. Lehrern in der verallgemeinernden Form. Selbstverständlich sind immer auch alle Schülerinnen und Lehrerinnen gemeint.

1 Aktuelle Situation an vielen deutschen Grundschulen

1.1 Allgemeine Rahmenbedingungen

In den letzten Jahren wurde in der Presse bzw. in den Medien häufig über die Probleme an deutschen Schulen berichtet. Lehrkräfte beklagen volle Klassen und eine starke Zunahme verhaltensauffälliger Schüler. Das Bild vom Traumberuf des Lehrers, der lange Zeit in der Öffentlichkeit als Halbtagsjob wahrgenommen wurde, gibt es nicht mehr. Längst hat sich überall herumgesprochen, wie herausfordernd die Arbeit in der Schule inzwischen geworden ist. Der Krankenstand in der Lehrerschaft ist hoch. Insbesondere Grundschullehrkräfte leiden unter den ständig wachsenden Belastungen. Dazu zählen auch die überhastete Einführung der Inklusion, der Zuzug von Flüchtlingen und das Anwachsen des Verwaltungsaufwandes. Mit all diesen Problemen werden wir als Lehrkräfte alleingelassen. Die Hilfe, die angeboten wird, erfolgt oft nur über Fortbildungsangebote oder über punktuelle Unterstützung durch Förderschullehrkräfte.

Von offizieller Seite (Schulbehörde) wird in vielen Bundesländern versucht, das Problem durch eine bessere Qualifizierung der Lehrkräfte zu lösen. Ein verstärkt binnendifferenzierter Unterricht soll dabei helfen, allen Schülern gerecht zu werden. An den Rahmenbedingungen wird kaum etwas verändert. Wen wundert es dann noch, dass immer weniger Abiturienten sich für den Beruf des Lehrers entscheiden? Aufgrund der besonders hohen Belastung im Grundschulbereich ist deshalb der Lehrermangel hier auch am größten. Hinzu kommt noch, dass Grundschullehrkräfte in fast allen Bundesländern im Vergleich zu Lehrkräften an anderen Schulformen die höchste Unterrichtsverpflichtung haben und die geringste Vergütung erhalten.

Neben all den Veränderungen und neuen Anforderungen in der Schulpraxis ist die sich verändernde Schülerschaft die größte Herausforderung. Viele Kollegen beklagen sich, zunehmend zum Sozialarbeiter in der Klasse zu werden, wobei die eigentliche Unterrichtsarbeit zu kurz komme. Das Spektrum der Schülerschaft reicht vom total angepassten bis hin zum auffälligen, aggressiven Schüler. Da genügt manchmal ein einziger mit extrem herausforderndem Verhalten, um die Situation im Unterricht eskalieren zu lassen. Gab es vor Kurzem noch in den meisten Bundesländern die Möglichkeit, sogenannte besonders problematische Schüler in einer Förderschule unterrichten zu lassen, ist dies nach Einführung der Inklusion im Allgemeinen nur noch mit Zustimmung der Eltern möglich. Für die unterrichtende Lehrkraft und den betroffenen Schüler kann ein Verbleib auf der Regelschule ein sehr schwerer und wenig erfolgsversprechender Weg sein, da es hier häufig an der adäquaten Unterstützung fehlt. Oft obliegt es der Lehrkraft, sich durch umfangreiche Entwicklungsberichte und Anträge ans Jugendamt Hilfe zu organisieren. Auch wenn das Stellen von Anträgen z. B. für eine Schulbegleitung eigentlich die Aufgabe der Eltern ist, so unterstützt häufig, so meine Erfahrung, die Lehrkraft diesen Prozess, da viele Eltern damit überfordert sind.

Die Schüler werden herausfordernder und die Elternschaft auch nicht gerade einfacher. Daher ist es wichtig, dass wir als Lehrkräfte Verhaltenssicherheit im Umgang mit schwierigen Situationen entwickeln.

1.2 Zunehmender Anteil problematischer Schüler

Die Auffassung, dass die Jugend immer aufsässiger wird, hält schon viele Jahrhunderte an. Schon immer haben sich Lehrer oder Eltern über schwierigere Schüler bzw. Kinder beschwert. So beklagten sich in den 1960er-Jahren die Meister in Handwerksbetrieben über die fehlende Qualifikation und Arbeitsmoral ihrer Lehrlinge. Das ist bis heute so geblieben.

„[Bereits] Sokrates hat sich viel über das Verhältnis zwischen Alt und Jung ausgelassen, etwa in dem Dialog, der in Platons Staat wiedergegeben wird. Dort geißelt er die Verlotterung der Sitten, die sich durch ein Zuviel an Freiheit ergebe: ‚Der Lehrer fürchtet und hätschelt seine Schüler, die Schüler fahren den Lehrern über die Nase und so auch ihren Erziehern. Und überhaupt spielen die jungen Leute die Rolle der alten und wetteifern mit ihnen in Wort und Tat, während Männer mit grauen Köpfen sich in die Gesellschaft der jungen Burschen herbeilassen'."[3]

So hat sich wohl jede Generation über den Sittenverfall ihrer Kinder beklagt. Wenn jedoch jede neue Generation so viel schlimmer geworden wäre, wie dies jeweils beklagt wurde, müssten wir eine Jugend haben, die aufgrund ihrer mangelnden sozialen Kompetenz gar nicht mehr lebensfähig wäre. Dies ist allerdings nicht der Fall. Die jeweils neue Generation verändert sich lediglich nur stark im Verhältnis zu der vorhergehenden und es kommt darauf an, mit den Veränderungen adäquat umzugehen. Das bedeutet: Unsere Erziehungsmethoden müssen sich auf die veränderte neue Situation besser einstellen und auch die übrigen Rahmenbedingungen (Klassengröße, sachliche Ausstattung, personelle Unterstützungssysteme) müssen der jeweils neuen Situation Rechnung tragen. Wir benötigen Regelsysteme, die von unseren Schülern bzw. Kindern akzeptiert werden. Ein anschauliches Beispiel bietet dafür der Spruch: „Solange du die Füße unter meinen Tisch stellst, wird getan, was ich sage!" Ein autoritärer Vater hat so wahrscheinlich im 19. Jahrhundert und auch noch teilweise im 20. Jahrhundert seinem Sohn oder seiner Tochter deutlich gemacht, was erlaubt und was nicht erlaubt ist. Würde dies ein Vater heute zu seinem Sohn oder seiner Tochter sagen, würden diese sicherlich mit ihrem Vater darüber diskutieren, ob der Tisch denn wirklich sein Tisch sei oder ob er nicht allen Familienmitgliedern gehöre.

1.3 Veränderte Elternhäuser

So vielfältig wie die Probleme unserer Schüler sind, so vielfältig ist auch die Situation in ihren Elternhäusern. So wurde z. B. der Begriff der Helikoptereltern gebildet, um jene Eltern zu beschreiben, die mit Übereifer das Wohl ihrer Kinder im Blick haben, sie permanent beobachten, begleiten und unterstützen. Diese Kinder können kaum einen Schritt alleine tun, ohne dass die Eltern steuernd eingreifen. Sie sind oft sehr unselbstständig, nehmen nur sich selbst wahr, glauben, sie kämen immer als Erste dran und haben eine geringe Frustrationstoleranz. Für uns Lehrkräfte stellen diese Eltern eine große Herausforderung dar, da sie jedes noch so kleine Problem für ihr Kind klären und regeln wollen. Häufige private Anrufe bei uns Lehrkräften sind keine Seltenheit.

Das andere Extrem sind Eltern, die sich überhaupt nicht bzw. zu wenig um ihre Kinder kümmern. Es gibt Schüler, die morgens alleine aufstehen müssen, weil die Eltern noch schlafen oder bereits arbeiten müssen. Sie kommen teilweise ohne Frühstück in die Schule oder haben sich selbst eines gemacht. Es gehört bei vielen von uns schon zum Schulalltag, immer etwas Essbares für diese Kinder im Pult bereitzuhalten. Zudem wird nicht darauf geachtet, dass das Kind die nötigen Materialien für den Unterrichtsbesuch dabeihat oder ob die Hausaufgaben angefertigt werden.

Als weitere gravierende Veränderung erfahre ich die zunehmend respektlose Kommunikation mit uns Lehrkräften durch einige Eltern. Ausgesprochene Sanktionen für das Fehlverhalten ihres Kindes werden torpediert, Noten infrage gestellt und uns wird die pädagogische Kompetenz abgesprochen. Schnell kommt die Drohung, sich bei der Schulleitung zu beschweren. Neu ist nun auch, dass Eltern sich in sozialen Netzwerken zusammentun, z. B. bei WhatsApp, und sich dort über das Verhalten der Lehrkräfte austauschen. Hierbei kann es leicht zu Verleumdungen kommen. Ich rate dazu, dieses Problem offen auf einem Elternabend anzusprechen.

Ein gesondertes Problem bilden die Flüchtlingsfamilien. Häufig haben die Eltern selbst keine Schule besucht und sie beherrschen die deutsche Sprache nicht oder unzureichend. Dann ist Kommunikation sehr schwierig. Unterstützend können andere Schüler mit gleicher Erstsprache bei schul-

[3] Drösser, Christoph: Verlotterte Jugend (Auszug) DIE ZEIT 16/2004

organisatorischen Fragen (Arbeitsmaterialien, Stundenplan etc.) als Dolmetscher helfen. Dies findet aber seine Grenzen, sobald Themen, die dem Datenschutz unterliegen, angesprochen werden. Sehr hilfreich sind Übersetzungs-Apps, die es inzwischen in hervorragender Qualität gibt.

2 Konfliktarten

Das Wort Konflikt kommt von dem lateinischen Wort „conflictus" und bedeutet so viel wie „Zusammenstoß" oder „Kampf". Konflikte entstehen durch Widersprüchlichkeiten oder unvereinbare Gegensätze, die nicht gelöst werden können und daher zu Spannungen führen. Hiermit sind natürlich Gefühle verbunden, die insbesondere bei jungen Kindern, also auch bei Grundschulkindern, unverhältnismäßig stark ausfallen können. Bei Meinungsverschiedenheiten, wo diese emotionale Spannung fehlt, würde man nicht von einem Konflikt sprechen. Also sind Meinungsverschiedenheiten nicht das eigentliche Problem, sondern die Art und Weise, wie die Schüler mit diesen Meinungsverschiedenheiten emotional umgehen. Sie bilden das Konfliktpotenzial.

Bei Spannungen bzw. bei Konflikten geht es oft um unterschiedliche Ziele oder Werte, begrenzte Ressourcen oder Macht und Ansehen. Zu unterscheiden ist dabei zwischen Sach- und Beziehungskonflikten. Sachkonflikte lassen sich in der Regel relativ schnell lösen. Wenn z.B. im Sportunterricht ein Schüler nicht regelkonform spielt, wird der Schiedsrichter (evtl. Schüler) oder die Sportlehrkraft dieses Problem schnell lösen können. Die größte Herausforderung bei der Konfliktbearbeitung ist sicherlich der Beziehungskonflikt, der oft eine gemeinsame Vorgeschichte der Konfliktbeteiligten hat, sich zunehmend zu einer verstärkten Antipathie entwickelt und häufig in einer Eskalation mündet. Sozialen Konflikten liegt vielfach eine Störung der sozialkognitiven Informationsverarbeitung, der Impulskontrolle, der sozialen Fertigkeiten oder auch der sozialen Interaktion zugrunde.

Die Konflikte können auf unterschiedliche Weise in Erscheinung treten. Sie können sich sowohl verbal sehr lautstark als auch nonverbal äußern – sie können sehr aggressiv und gewalttätig auf der einen Seite sein oder sich auf der anderen Seite durch passives Verhalten und Resignation äußern. Nur zu leicht werden gerade jene Schüler von uns übersehen, die ihre Konflikte nicht nach außen austragen, sondern alles in sich „hineinfressen".

3 Problem des auffälligen Schülers erkennen

3.1 Eisbergmodell

Um eine Konfliktlösung anzubahnen, ist es notwendig, sich eine Vorstellung über ursächliche Hintergründe und Zusammenhänge des Konflikts zu machen. Insbesondere deshalb, weil diese oft nicht unmittelbar in Erscheinung treten. Dies veranschaulicht das sogenannte Eisbergmodell.

Dieses Modell zeigt sehr deutlich, dass uns nur ein kleiner Teil unserer Persönlichkeit bewusst ist, der größte Teil jedoch zu dem unbewussten Bereich zahlt. Es basiert auf dem Schichtungsmodell von Freud. Es ist nicht geklärt, wer dieses Eisbergmodell, angelehnt an Freud, zuerst benutzt hat.

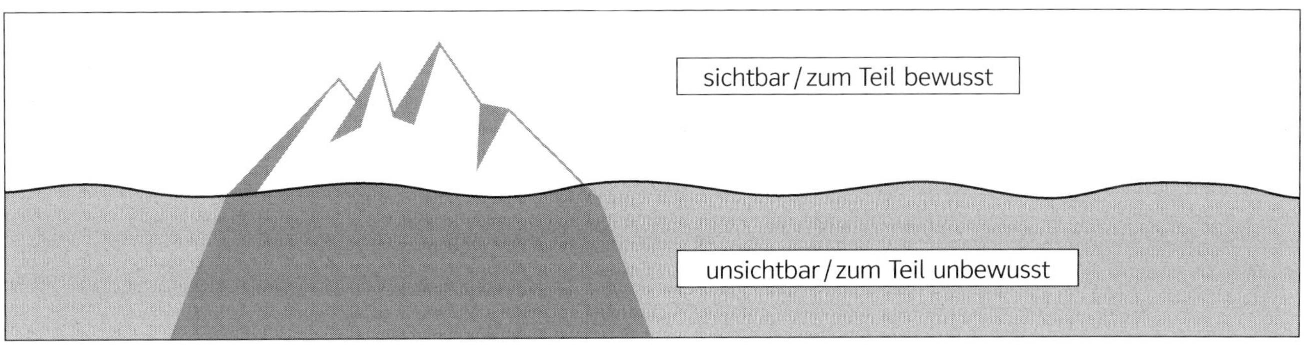

Nach diesem Eisbergmodell sind etwa 20 % der Konfliktursachen sichtbar, 80 % hingegen bleiben im Verborgenen.

Auch den Konfliktbeteiligten selbst sind in der Regel nur 20 % der Konfliktursachen bewusst. Wie weit diese Theorie einer genauen wissenschaftlichen Überprüfung standhält, scheint mir an dieser Stelle nicht so bedeutend. Entscheidend ist hier, den Blick für Probleme zu schärfen, die hinter einem sichtbaren Konflikt liegen, denn oft bekommt man nur einen Bruchteil von dem mit, was ein Schüler denkt und fühlt. Deshalb macht es meines Erachtens Sinn, die sichtbare Ebene eines Konfliktes genauer zu hinterfragen. Auch wenn dies zunächst etwas mehr Zeit kostet, wird man anschließend durch ein entspannteres Miteinander entlohnt. Diese genaue Hinterfragung muss natürlich nicht für alle Fälle gelten. Nicht selten gibt es Auseinandersetzungen um Kleinigkeiten oder Missverständnisse, die schnell geklärt werden können und eigentlich, wie in Kapitel 2 erläutert, keine wirklichen Konflikte sind.

Fallbeispiel zu Kapitel 3.1

Walter war Schüler einer 3. Klasse. Er war sehr schweigsam, beteiligte sich nur selten aktiv am Unterricht und hatte so gut wie keine freundschaftlichen Kontakte zu seinen Mitschülern. In den Pausen kam es häufiger zu Konflikten, insbesondere mit anderen Jungen. Bei deren Klärung zeigte er sich meistens sehr uneinsichtig.

Folgender Vorfall ereignete sich beim Schwimmunterricht:

Bevor die Sportlehrkraft mit der Klasse zum Schwimmen ging, kam schon die Beschwerde seitens einer Erstklässlerin, Walter habe sie von dem kleinen Berg auf dem Pausenhof heruntergeschubst. Auch mehrere Mitschüler aus seiner Klasse beschwerten sich über ähnliches Pausenverhalten von Walter.

Als die Klasse dann im Schwimmbad war, kam es in der Freispielphase im flachen Wasser des Nichtschwimmerbeckens zu einem Streit zwischen ihm und Karl. Beide gerieten im Wasser aneinander und Walter lief schreiend und wild gestikulierend hinter Karl her. Auf die Anweisung der Sportlehrkraft, zu ihr zu kommen, hörte er nicht. Er wurde immer aggressiver, begann, wild um sich zu schlagen und Karl körperlich zu attackieren. Um den Streit zu beenden, ließ die Sportlehrkraft zunächst alle Kinder aus dem Wasser kommen. Walter folgte der Anweisung aber nicht. Um weitere Konflikte zu vermeiden, brach die Sportlehrkraft den Schwimmunterricht ab und schickte alle zum Duschen und anschließenden Umziehen in die Umkleideräume. Daraufhin kam Walter auch aus dem Schwimmbecken heraus. Beim Duschen ereignete sich dann eine weitere Rangelei zwischen den Jungen. Dort ging Walter erneut auf Karl los und drehte ihm den Finger um. Zur Deeskalation schickte die Sportlehrkraft Walter zum Umziehen in eine andere Umkleide. Nachdem er sich umgezogen hatte, versuchte die Sportlehrkraft, den Konflikt mit ihm in Ruhe zu klären. Aber auch da zeigte Walter ihr gegenüber weiterhin ein extrem respektloses Verhalten. Er weigerte sich, mit ihr zu reden. Der Vorfall konnte von der Lehrkraft vor Ort nicht geklärt werden. Sie meldete den Konflikt der Klassenlehrkraft und der Schulleitung, weil ein ordnungsgemäßer Unterricht nicht mehr möglich gewesen war.

Im Normalfall hätten wohl viele Lehrkräfte einen solchen Schüler für das nächste Mal vom Sportunterricht ausgeschlossen und darauf gehofft, dass damit das Problem erledigt sei. In diesem Fall wollte die Sportlehrkraft die Ursachen für den Konflikt klären, damit sie in Zukunft ohne Störungen ihren Unterricht durchführen kann.

Es fand ein gemeinsames Gespräch mit Walter, Karl, der Sozialpädagogin, der Klassenlehrkraft und der Schulleitung statt. Dabei stellte sich heraus, dass Walter gar nicht mit dem Streit angefangen hatte, sondern Karl ihn zu Beginn getreten hatte. Er habe aber nichts dazu gesagt, weil er seiner Erfahrung nach sowieso immer die Schuld bekäme.

Für die Sportlehrkraft waren die Ursachen für das eigentliche Fehlverhalten von Walter (wie beim Eisbergmodell skizziert) zunächst nicht erkennbar. Ihr war aber klar, dass es zu weiteren Konflikten in ihrem Unterricht kommen würde, wenn sie die Ursache hierfür nicht herausbekäme.

Was blieb in Bezug auf das Eisbergmodell bei Walter verborgen? Er hatte die Erfahrung gemacht, dass er in Konfliktfällen immer die Schuld bekam. Deshalb hatte er inzwischen aufgegeben, sich zu verteidigen. Ihm war nicht bewusst, dass dies eigentlich sein Hauptproblem war. Durch seine Wahrnehmung, immer Schuld zu haben, war sein Vertrauen zu Erwachsenen kaum vorhanden und er reagierte vermutlich aus einem Ohnmachtsgefühl (Sündenbockrolle) übermäßig aggressiv.

Als sofortige Maßnahme und weil jedes Fehlverhalten auch eine Konsequenz haben muss, wurden beide Schüler für das nächste Mal vom Schwimmunterricht ausgeschlossen. Karl, weil er Walter getreten hatte, und Walter, weil er der Anordnung der Lehrkraft nicht Folge geleistet hatte.

Wie kann man Walter helfen? Walter benötigt die Fähigkeit, über seine Probleme zu sprechen, und eine Stärkung seines Selbstwertgefühls. Um bei ihm die Verbalisierung von Konflikten zu fördern, sind regelmäßige Reflexionsgespräche über sein Verhalten, evtl. nach jeder Pause, sinnvoll. Da sein Fehlverhalten schon sehr verfestigt zu sein scheint, wären zusätzliche Unterstützungsmaßnahmen sinnvoll: die Einschaltung des Mobilen Dienstes[4] und der Vorschlag an die Eltern, die Erziehungsberatungsstelle aufzusuchen oder sogar eine Psychotherapie für Walter zu beginnen.

In diesem Zusammenhang bietet das Eisbergmodell also eine gute Anregung, nicht auf die Ermittlung der verdeckten Hintergründe für ein vermeintliches Fehlverhalten zu verzichten.

4 Bedeutung der Empathie

4.1 Forschung

Fast alle Kindergartenkinder fiebern mit großen Erwartungen dem Schulanfang entgegen. Nicht anders geht es den Eltern und häufig auch den Großeltern. Der Stellenwert von Bildung hat in den letzten Jahrzehnten ständig zugenommen. Gewachsen ist damit auch die Bedeutung des Schulanfangs – der Einschulung. Sie ist inzwischen häufig ein großes Familienfest geworden, bei dem Eltern, Opa und Oma, Onkel und Tanten mitfeiern. Die kleinen Schulanfänger sind stolz darauf, endlich ein Schulkind zu sein. Mit dieser Begeisterung beginnt im Allgemeinen ihr Schulleben. Da ist es kein Zufall, dass der Klassenlehrer eine zentrale emotionale Rolle im Leben der neuen Schüler spielt. Alles, was die Lehrerkraft erzählt oder erklärt, wird zunächst als wahr und unumstößliches Gesetz wahrgenommen (Ausnahmen bestätigen die Regel). Viele Eltern haben mir bestätigt, dass es keinen Sinn mache, gegen eine Aussage der Lehrkraft anzutreten. Dies ist Ausdruck eines großen Vertrauensvorschusses und Respekts, den die Kinder mit in die Schule bringen. Diese positive Haltung ist ein wichtiger Aspekt der Empathie gegenüber der Lehrkraft.

Die Hattie-Studie hat bestätigt, wie wichtig Empathie zwischen Lehrpersonen und Schülern für den Lernprozess ist. Dieses Verhältnis ist bedeutsamer als die Einstellungen und Dispositionen der

[4] Beratung durch eine Sonderschullehrkraft mit dem Schwerpunkt emotional-soziale Entwicklung

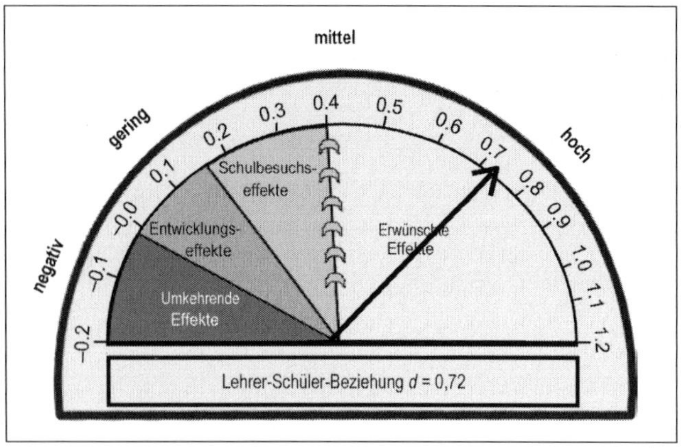

Hattie zur Bedeutung der Lehrer-Schüler-Beziehung[9]

Kinder, ihres Zuhauses oder der Arbeitsbedingungen in der Schule.

Die Beziehung zwischen Lehrkraft und Schülern hat nicht nur für das Lernen, sondern auch für das Klassenklima eine große Bedeutung. Dabei nimmt die Lehrkraft bei deren Aufbau eine zentrale Rolle ein. Sie begegnet den Schülern mit Wertschätzung und ermöglicht hierdurch auch die Anerkennung bei den Mitschülern. Daher ist es wichtig, dass Lehrkräfte empathisch und fürsorglich sind, zuhören und sich um andere kümmern können.[5]

Lehrkräfte, die das Wohlergehen ihrer Schüler in den Mittelpunkt ihres Unterrichts stellen, haben weniger problematische Schüler und erzielen bessere Leistungen. So liegt die Ursache, warum Kinder nicht gern zur Schule gehen, meistens darin, dass sie ihre Lehrkraft nicht mögen.[6]

Ein personenzentrierter Unterricht ist besonders gut geeignet, allen Schülern gerecht zu werden. Dieser Unterricht ist von Achtung und Einfühlsamkeit den Schülern gegenüber geprägt. Die Lehrkraft berücksichtigt nicht nur, wo das Kind kognitiv steht, sondern auch emotional. Durch diese professionelle Grundhaltung, die von Achtung, Akzeptanz, Toleranz, Wertschätzung und Einfühlungsvermögen geprägt ist, werden die emotionalen Fähigkeiten des Schülers, sein Selbstwertgefühl und seine Motivation gestärkt. Außerdem kommt es zu einer Abnahme von Aggressionen, Regelverstößen, Verweigerungen und Ängsten. Ein weiterer positiver Effekt ist natürlich auch der verbesserte Umgang der Schüler untereinander.[7] Tausch geht davon aus, dass nur 10 bis 15 % der Lehrkräfte diesem Ansatz in ihrer Arbeit gerecht werden.[8] Leider ist es gängige Praxis, die Ursache für laute Klassen, Unterrichtsstörungen, Aggressionen oder sonstiges Fehlverhalten in erster Linie aufseiten der Schüler zu suchen. Erst wenn man beginnt, seine eigene Lehrkraftrolle kritisch zu hinterfragen und sich seinen hohen eigenen Anteil am Klima in der Klasse bewusst macht, wird man dieses auch positiv gestalten können.

4.2 Umsetzung in der Praxis

4.2.1 Wertschätzung durch die Lehrkraft

Die Forschung hat klar nachgewiesen, dass Lehrkräfte, denen das Wohl aller ihrer Schüler am Herzen liegt, größere Lernerfolge erreichen, ein besseres Klassenklima bewirken und in ihren Klassen weniger Konflikte unter den Schülern haben. Dieser Tatsache wird meines Erachtens noch viel zu wenig Beachtung in der Lehrerausbildung und auch in der Schulpraxis geschenkt. Welche Lehrkraft stellt sich denn ständig die Frage: „Mögen mich meine Schüler eigentlich, und zwar jeder einzelne?", und als Gegenfrage: „Mag ich sie, und zwar auch jeden einzelnen?" Da wird es manchmal schon schwierig. Es ist davon auszugehen, dass ein Kind genau spürt, ob es gemocht oder

5 Vgl.: Hattie, John: Lernen sichtbar machen. Überarbeitete deutschsprachige Ausgabe von „Visible Learning", übersetzt und überarbeitet von Wolfgang Beywl und Klaus Zierer. Baltmannsweiler: Schneider Verlag 2013. S. 141.

6 Vgl.: Ebd. S. 143.

7 Vgl.: Tausch, Reinhard: Achtung Einfühlung. Kompass für didaktische und erzieherische Handlungen von Lehrern und Erziehern. In: Person und Beziehung in Schule und Unterricht. Ein Beitrag des Personenzentrierten Ansatzes zur Professionalisierung des Lernens in der Schule. Hrsg. von Bender, Beate; Fleischer, Thomas; Mersmann, Birke. Köln: Gesellschaft f. wiss. Gesprächspsychotherapie 1999. S. 9.

8 Vgl.: Ebd. S. 6.

9 Hattie, J.: Lernen sichtbar machen. S. 142.

eher abgelehnt wird. Deshalb sollten wir als Lehrkräfte uns immer wieder ernsthaft die Frage stellen: „Was mag ich an diesem oder jenem Schüler?" Und das insbesondere bei jenen Schülern, die uns am stärksten herausfordern. Das ist nicht immer einfach. Aber jedes Kind hat Eigenschaften oder Fähigkeiten, die man wertschätzen kann, man muss sich nur die Mühe machen, genauer hinzusehen. Ziel muss sein, die Wertschätzung des Schülers zu erreichen. Ist dies geschafft, verringern sich Respektlosigkeiten und Störungen im Unterricht erheblich.

4.2.2 Vorbildfunktion der Lehrkraft

Die Haltung der Lehrkraft jedem einzelnen Schüler gegenüber wird immer von der gesamten Klasse wahrgenommen. Ihr Handeln hat in großem Maße Vorbildfunktion für andere Schüler. Daher ist es so wichtig, dass gerade Schüler, die sowieso schon Schwierigkeiten haben, in der Klasse Freunde zu finden, von der Lehrkraft Unterstützung erhalten.

4.2.3 Zeit zum Zuhören

Der Schulalltag ist für uns Lehrkräfte und auch für Schüler häufig durch Zeitdruck und Stress geprägt. Man selbst ist froh, wenn man am Unterrichtsende alle seine Ziele weitestgehend realisieren konnte. Es bleibt wenig Zeit, sich neben der Vermittlung des Unterrichtsstoffes noch um persönliche Bedürfnisse einzelner Schüler zu kümmern. Dabei spielt die Atmosphäre, das sogenannte Klassenklima, eine wichtige Rolle für das Lern- und das Konfliktverhalten. Um mehr Entspannung in den Schulalltag zu bringen, müssen wir uns Freiräume bzw. Zeitfenster schaffen, in denen wir uns einzelnen Schülern persönlich zuwenden können.

Eine gute Möglichkeit bildet der Morgenkreis. Jeder Schüler bekommt hier den Raum, von sich selbst zu berichten. Eher schweigsame oder schüchterne Kinder werden sich in einer solchen Runde allerdings kaum äußern. An der letzten Grundschule, an der ich tätig war, haben wir den Schultag mit einem offenen Anfang begonnen. Bereits zwanzig Minuten vor Unterrichtsbeginn konnten die Schüler in ihre Klassen gehen. Zehn Minuten vor Unterrichtsbeginn waren alle Klassenlehrkräfte in ihren Klassen, hatten Zeit, ihre Schüler zu empfangen und über persönliche Dinge mit ihnen zu sprechen. Dies hat den Vorteil, dass die Schüler in Ruhe in der Klasse ankommen und schon Gespräche mit ihren Mitschülern führen können, um dann entspannter in die Unterrichtsstunde zu starten. Ein derartiger Beginn bringt sehr viel Ruhe in die Klasse und wirkt sich äußerst positiv auf das Klassenklima aus. Als Lehrkraft habe ich so die Möglichkeit, persönliche Beziehungen zu meinen Schülern aufzubauen

Fallbeispiel zu Kapitel 4.2.2

Ein Junge spielte jede Pause alleine und fand keinen Anschluss an seine Mitschüler. Er erzählte seiner Lehrkraft, dass er in der Pause immer alleine sei. Die Lehrkraft sprach mit der Klasse und erfuhr, dass die Kinder keine Lust hatten, mit ihm zu spielen, weil er immer bestimmen wollte, was gespielt werden sollte. Die Lehrkraft gab daraufhin diesen Kommentar an den Jungen: „Da musst du dich auch nicht wundern, dass keiner mit dir spielen will."

Die Empathie der Lehrkraft ist auf der Seite der übrigen Schüler, da sie Verständnis für deren Verhalten zeigt. Diese fühlen sich wiederum in ihrer Haltung bestätigt. Der Junge, welcher keine Spielgefährten findet, bekommt eine Schuldzuweisung. Empathie hätte bedeutet, einen Weg des Zusammenspielens gemeinsam mit den Schülern der Klasse zu finden, sodass das Kind in der Pause nicht mehr allein ist.

und dadurch Empathie für sie zu entwickeln bzw. zu zeigen. Verschiedenste Probleme der Schüler können in der Zeit angesprochen werden, ob Ärger auf dem Schulweg, Stress in der Familie, vergessene oder nicht gemachte Hausaufgaben etc.

4.2.4 Anerkennung der Arbeit

Es ist davon auszugehen, dass viele Kinder, die auffällig werden, über ein mangelndes Selbstvertrauen verfügen und sich über Störungen, Clownerien etc. in den Vordergrund spielen, um sich so Anerkennung bei den Mitschülern zu holen. Vergessen sollte man aber auf keinen Fall auch jene Schüler, die sehr schüchtern und zurückhaltend sind. Ihre Probleme und Ängste müssen ernst genommen werden.

In der Erkenntnis, dass die Lehrer-Schüler-Beziehung ein entscheidender Faktor für das Lernen und das Klassenklima ist, geht es ebenfalls um die Anerkennung und Wertschätzung der Arbeitsergebnisse der Schüler. Immer wieder erfüllen diese nicht unbedingt die Erwartungen der Lehrkräfte. Im schlimmsten Fall reagiert die Lehrkraft mit Durchstreichen der Arbeitsergebnisse und der Aufforderung, das Ganze noch einmal anzufertigen. Das Selbstwertgefühl und die Motivation des Schülers sowie die Empathie für die Lehrkraft werden an dieser Stelle sicherlich ihren Nullpunkt erreichen.

Bei der Beurteilung eines jeden Arbeitsergebnisses sollte zunächst das hervorgehoben werden, was gut gelungen oder besser geworden ist, und bei den kritischen Punkten müsste dem Schüler gezeigt werden, wie er sich verbessern kann. Es geht um ein qualifiziertes Feedback. Wichtig ist, dass der Schüler nach einer Reflexion seiner Arbeitsergebnisse ein positives Gefühl hat und weiß, wie er weiterarbeiten kann. Wichtig ist auch, die Anstrengungsbereitschaft jedes Schülers zu loben. Für manche ist es bereits eine große Leistung, zehn Minuten am Stück durchzuarbeiten. Natürlich sollten die Aufgaben so gestellt sein, dass sie von allen bewältigt werden können. Wir als Lehrkräfte haben es in der Hand, ihnen Erfolge oder Misserfolge zu verschaffen. Wenn wir darauf achten, werden wir durch ein besseres Lern- und Klassenklima belohnt. Die Schüler sind wesentlich entspannter, lernen besser, haben dadurch weniger Aggressionen und gehen lieber zur Schule. Gleiches gilt für die Hausaufgaben.

Eine beliebte Methode für die Bewertung von Arbeitsergebnissen sind sogenannte Fleiß-Stempel, die je nach der Qualität des Ergebnisses eingesetzt werden: „Weiter so", „Super" oder „Du musst mehr üben". Oft werden auch Smileys genutzt:

Fallbeispiel zu Kapitel 4.2.4

Ein Fallbeispiel aus dem Schreibunterricht meiner eigenen 1. Klasse: Die Kinder sollten in einem Linienheft einen neuen Buchstaben schreiben. Ihnen war bewusst, dass sie die Buchstaben genau in die Linien schreiben sollen. Alle Schüler wollten besonders schöne Buchstaben schreiben, merkten aber schnell, dass es ihnen nicht immer gelang. Es hätte sich leicht Frust breit machen können, da die meisten Schüler sehr kritisch mit ihren eigenen Arbeitsergebnissen umgehen. Deshalb habe ich den Blick der Schüler auf die Buchstaben gelenkt, die ihnen besonders gut gelungen sind. Jeder durfte seinen schönsten Buchstaben mit seiner Lieblingsfarbe einkreisen. Dieses Verfahren garantierte für alle ein Erfolgserlebnis und gleichzeitig wurde die Selbstreflexion geübt. Natürlich gibt es auch Schüler, die ein oder zwei Buchstaben schönschreiben und die anderen schnell und flüchtig, um schnell fertig zu sein. Auch dann kann positiv reagiert werden: „Ein paar Buchstaben sind dir schon gut gelungen, aber die anderen kannst du noch besser schreiben."

Begeistert werden wohl nur die Schüler sein, die den lachenden Smiley bekommen haben, die anderen wird es eher frustrieren und resignieren lassen. Hinzu kommt, dass die Mitschüler in der Regel mitbekommen, wer gelobt wurde und wer nicht. Ein derartiger Umgang macht allen bewusst, wer in der Klasse den Anforderungen der Lehrkraft genügt und wer nicht. Solche Stempel sind also wirkliche „Stimmungskiller". Motiviert werden nur die guten Schüler, die durch ihre sonstigen Erfolge sowieso schon motiviert sind. Abhilfe können neutrale Stempel (Blume, Tier etc.) oder entsprechende Sticker schaffen, die für alle Schüler gleich sind. Diese können z.B. vergeben werden, wenn eine gestellte Aufgabe erledigt wurde. Wichtig ist, dass jeder die Chance hat, dieses Ziel zu erreichen bzw. diesen Stempel oder Sticker zu bekommen. Dieses Verfahren ist für alle gleich motivierend.

4.2.5 Fürsorge

Das Wohlergehen der Schüler sollte allen Lehrkräften sehr am Herzen liegen, nicht nur weil man humanitär eingestellt ist, sondern weil es eine wichtige Voraussetzung für effektives Lernen in der Schule bildet. Zu einer professionellen Arbeit gehört daher, sich stark mit den Befindlichkeiten der einzelnen Schüler zu beschäftigen.

Sinnvoll ist es, bereits zu Schulbeginn darauf zu achten, mit welchem Gefühlsausdruck der einzelne Schüler die Klasse betritt, um sich bei auffälligen Stimmungslagen dem Kind zuwenden zu können. Hilfreich kann auch eine morgendliche Abfrage mit dem Gefühlsbarometer sein.[10] Dadurch erhält man als Lehrkraft schnell einen Überblick über die Stimmungslage in der Klasse. Vielleicht hatte das Kind morgens schon Stress mit den Eltern oder Geschwistern, oder es gab Streit auf dem Schulweg. Durch das Aufgreifen solcher Probleme durch die Lehrkraft, entweder im individuellen Gespräch oder im Morgenkreis, erhält das Kind Zuwendung (evtl. verbunden mit einem Ratschlag zur Lösung seines Problems), die seine Stimmungslage erheblich verbessert.

Mindestens genauso wichtig wie das gute Ankommen in der Schule ist das Wohlergehen des Schülers in der Pause. Ich unterstelle einmal, dass nur wenige Lehrkräfte sich darum kümmern, wie es ihrem Schüler in der Pause ergangen ist. Hatte er Streit mit anderen Kindern? Durfte er nicht mitspielen? Hatte er überhaupt jemanden zum Spielen? Wurde er beschimpft oder beleidigt? Hier kommt häufig der Einwand von Lehrkräften: „Wenn ich mich auch darum noch kümmere, komme ich überhaupt nicht mehr zum Unterrichten." Der Einwand ist natürlich teilweise berechtigt. Es kostet viel Zeit, die Probleme aus der Pause mit den Schülern zu besprechen. Aber mit der zunehmenden Befähigung der Schüler, Probleme selbst zu lösen, wird der Zeitaufwand geringer.

Warum ist es überhaupt wichtig, diese Probleme aufzugreifen? Wenn ein Kind in der Pause mit einem anderen Kind Ärger hatte, wird es auch während der Unterrichtsstunde darüber nachdenken, wie es in der nächsten Pause oder auf dem Nachhauseweg weitergeht. Vielleicht hat es Angst, verprügelt zu werden. Auf jeden Fall ist sein Kopf mit einem Konflikt beschäftigt, der sich störend auf sein Lernverhalten auswirkt. Wenn es sich dabei auch noch um einen Konflikt zwischen zwei Kindern aus derselben Klasse handelt, kann es zu starken Beeinträchtigungen des Klassenklimas kommen. Die Konflikte können sich verfestigen und zu richtigen Feindschaften führen. Deshalb ist die Zeit zur Aufarbeitung der Konflikte gut investiert und wirkt sich positiv auf das Klassenklima und somit auf das Lernklima aus. Ich selbst habe diese Zeit der Konfliktbearbeitung mit der Unterrichtszeit für den Sachunterricht (soziales Lernen) verrechnet. In der 1. Klasse waren das zu Beginn durchaus schon mal zwei Unterrichtsstunden pro

[10] Mehr hierzu in dem Kapitel 7.2: Gefühlsbarometer.

Woche, wobei sich dies von Schuljahr zu Schuljahr erheblich verringerte.

Besonders wichtig ist es zu erfahren, ob ein Kind in der Pause allein spielt oder jemanden zum Spielen findet. Es kann manchmal schwierig sein, Mitschüler zu überzeugen, ein solches Kind in ihr Spiel einzubeziehen. Erfolgversprechend ist hier, die Kinder dafür zu sensibilisieren, wie man sich fühlt, wenn man niemanden zum Spielen hat.

Als nicht problematisch einzuschätzen ist es, wenn ein Kind mal eine Pause allein spielt, weil es Streit mit dem besten Freund oder der besten Freundin hatte. Schwerwiegend ist vielmehr, dass es Kinder gibt, die in den Pausen fast immer allein sind und darunter sehr stark leiden.[11]

Fürsorge bedeutet auch, sich darum zu kümmern, ob die Kinder ein Frühstück mit in die Schule nehmen. Abhängig vom Einzugsbereich einer Schule bringen die Kinder ein sehr gesundes bis hin zu überhaupt kein Frühstück mit. Wenn ich festgestellt habe, dass ein Kind kein Frühstück dabeihat, habe ich die anderen Kinder gefragt, ob sie etwas von ihrem Frühstück abgeben können. Es war schön zu sehen, mit welcher Begeisterung die anderen Kinder gern etwas von ihrem Frühstück abgaben. Natürlich wurden die Kinder, die etwas abgaben, von mir gelobt, was die Freude am Abgeben bei den Kindern noch verstärkt. Die Bedeutung eines gemeinsamen Frühstücks in der Klasse ist sicher selbstverständlich. Für Notfälle hatte ich immer Knäckebrot in meinem Schreibtisch. Wenn Kinder häufiger ohne Frühstück in die Schule kamen, habe ich das Gespräch mit den Eltern gesucht.

4.2.6 Klassenlehrerprinzip

Der Aufbau von guten Schüler-Lehrer-Beziehungen in der Klasse benötigt Zeit. Deshalb ist es unabdingbar, dass die Klassenlehrkraft möglichst viele Unterrichtsstunden in der eigenen Klasse erteilt. Diese Gewichtung wird in den meisten Grundschulen zumindest in Klasse 1 und 2 gesetzt. Mit zunehmender Jahrgangsstufe erhöht sich der Anteil am Fachunterricht und meistens dann auch der Anteil der Fachlehrkräfte am Unterricht.

In Niedersachsen soll nach Möglichkeit schon nach Klasse 2 ein Klassenlehrerwechsel stattfinden. Das bedeutet für viele Schüler ein starker Wechsel der Bezugspersonen. Die Kinder sollen dadurch die Chance haben, falls sie in der 1. und 2. Klasse mit ihrem Klassenlehrer nicht gut harmonierten, in Klasse 3 und 4 bei einer neuen Lehrkraft positivere Erfahrungen zu sammeln. Des Weiteren muss ein Hauptfach, entweder Deutsch, Mathematik oder Sachunterricht, von einer anderen Lehrkraft unterrichtet werden, damit die Kinder bei der Benotung bzw. Beurteilung nicht nur von einer Lehrkraft abhängig sind. Damit zeigt Niedersachsen relativ wenig Vertrauen in die Kompetenz seiner Klassenlehrkräfte.

Da ich selbst die letzten 15 Jahre Schulleiterin an einer Grundschule in Niedersachsen war, konnte ich die Auswirkungen der einzelnen Maßnahmen gut beobachten. Mit der Zunahme von Fachlehrkräften in einer Klasse nahmen auch die Regelverletzungen (insbesondere Unterrichtsstörungen) und Konflikte in dem jeweiligen Fachunterricht erheblich zu. In manchen Klassen war zum Teil ein ordnungsgemäßer Unterricht nicht mehr möglich. Schüler, die bei der Klassenlehrkraft kaum Auffälligkeiten zeigten, sprengten bei den Fachlehrkräften den Unterricht. Oft blieb mir nichts anderes übrig, als den Unterrichtsanteil der Klassenlehrkraft wieder zu erhöhen, auch wenn dieser dann fachfremd unterrichtet wurde. Man könnte jetzt einwenden, dass darunter die Unterrichtsqualität leiden könnte. Die Hattie-Studie hat aber klar gezeigt: Die Fachkompetenz hat auf den Unterrichtserfolg eher einen geringen Einfluss. Dies gilt sowohl für die Grundschule als auch für die weiterführenden Schulen.[12]

„Diejenigen Lehrpersonen, die bestimmte Unterrichtsmethoden verwenden, die hohe Erwartungen an alle Lernenden stellen und die positive

[11] Mehr hierzu im Kapitel 7: Empathieförderung in der Schule
[12] Vgl.: Hattie, J.: Lernen sichtbar machen. S. 136.

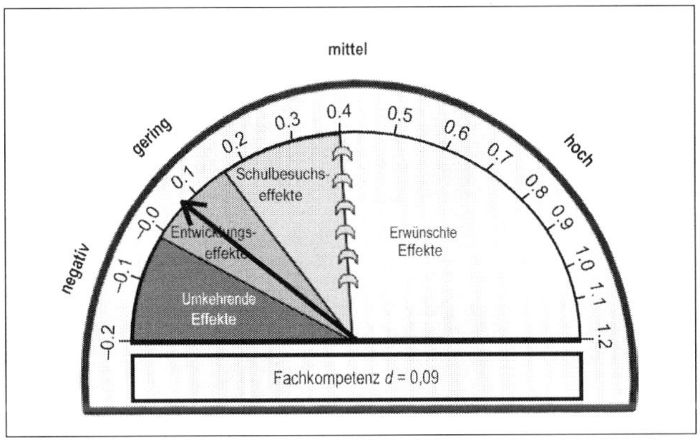

Hattie zur Bedeutung der Fachkompetenz[13]

Lehrer-Schüler-Beziehungen aufbauen, haben mit einer hohen Wahrscheinlichkeit überdurchschnittliche Effekte auf die Schülerleistungen."[14]

Nach Möglichkeit sollte die Klassenlehrkraft den größten Teil des Unterrichts im Grundschulbereich selbst erteilen. In der 1. Klasse sind zwei unterschiedliche Lehrkräfte völlig ausreichend. Selbst in der 4. Klasse sollte je nach Zusammensetzung der Schülerschaft der Unterrichtsanteil, der durch die Klassenlehrkraft erteilt wird, mindestens 60 % betragen, in Klasse 1 und 2 mindestens 80 %. Unerlässlich ist natürlich, dass die Klassenlehrkraft die Anforderungen an einen qualifizierten Unterricht und eine gelingende Lehrer-Schüler-Beziehung erfüllt. Hier gibt es leider große Unterschiede. Lehrkräfte, die die Lernergebnisse ihrer Schüler im Auge haben und sich empathisch allen Schülern gegenüber verhalten, sind auf einem guten Weg, den hohen Anforderungen gerecht zu werden.

Wichtig ist hierbei, die Lernerwartungen nicht herunterzuschrauben, da man der Meinung ist, Leistungsanforderungen seien dem Lernklima abträglich. Lehrkräfte, die hohe Lernerwartungen an ihre Schüler haben, erreichen bei ihnen auch höhere Lernerfolge. Wenn mit Freude gelernt wird und Leistungen gewürdigt werden, sind Schüler gern bereit, sich anzustrengen.

Nur eine Lehrkraft, die in wenigen Klassen unterrichtet, hat die Möglichkeit, einzelne Schüler näher kennenzulernen und sich auf die unterschiedlichen Lernbedürfnisse einzustellen. Dadurch wird es möglich mitzubekommen, welche sozialen Interaktionen das Klassenklima bestimmen, und man bekommt die Chance, darauf Einfluss zu nehmen.

Kinder können untereinander gemein und zum Teil sehr aggressiv sein. Wenn keiner etwas unternimmt, also keine Intervention erfolgt, können solche Verhaltensweisen schnell überhandnehmen. Ich gehe davon aus, dass wir viel weniger Probleme mit Mobbing, Erpressung usw. hätten, wenn auch in den weiterführenden Schulen mehr Wert auf eine funktionierende Lehrer-Schüler-Beziehung und damit auf mehr Klassenlehrerprinzip gelegt würde.

Die Schüler müssen das Gefühl haben: Meine Lehrkräfte interessieren sich wirklich für mich. Es müsste eine Selbstverständlichkeit sein, dass den Lehrkräften das Wohlergehen jedes einzelnen Schülers am Herzen liegt. Dann sind Schüler auch bereit, sich ihrer Lehrkraft anzuvertrauen, und die Lehrkraft ist in der Lage, ihre Schüler wirkungsvoll zu unterstützen. Verhaltensprobleme und aufkommende Konflikte würden schneller erkannt und eine schnellere Reaktion darauf ermöglicht. Regeln, Rituale und Absprachen können von wenigen Lehrkräften wesentlich besser erarbeitet und umgesetzt werden.

5 Nähe-Distanz-Problematik

Eine empathische Lehrkraft erzielt bessere Leistungen und ein besseres Verhalten bei ihren Schülern. Wie weit darf aber diese Zuwendung zu den Schülern gehen? Gibt es da nicht auch Grenzen? Mit dieser Problematik beschäftigen sich insbesondere Fachkräfte, die im Bereich der Heimerziehung arbeiten. Wenn man so intensiv mit Kindern oder Jugendlichen zusammen ist, muss man deutlich sein eigenes Privatleben abgrenzen, um professionelle Distanz in der Erziehungsarbeit einhalten zu können.

[13] Ebd.
[14] Hattie, J.: Lernen sichtbar machen. S. 151.

Was ist professionelle Distanz? Zum einen geht es darum, seine eigene Privatsphäre nicht mit der Arbeit zu verknüpfen. Das Privatleben sollte emotional klar von der Arbeit getrennt sein. Natürlich gibt es Situationen, in denen dies manchmal schwierig ist. Sollten diese Situationen überhandnehmen, würde darunter die Professionalität leiden. Zum anderen geht es aber, und dies ist mindestens genauso wichtig, um einen distanzierten Blick auf den Erziehungsprozess. Nur dann ist man in der Lage, die Erziehungsarbeit adäquat zu reflektieren und zu steuern. Professionelles Arbeiten bedeutet, durch eine distanzierte Reflexion der eigenen Haltungen und Handlungen zu einer professionellen Beziehungsgestaltung zu gelangen.

Diese Distanz sollte meiner Meinung nach nicht dazu führen, sich bewusst von der Nähe zu den Schülern zurückzunehmen. Leider habe ich es schon erlebt, dass mir Referendare oder Studenten berichteten, dass Körperkontakt zu den Schülern bewusst vermieden werden sollte, um die pädagogische Distanz zu wahren. Eine professionelle Distanz beinhaltet aber eine bewusst gestaltete Nähe. Dazu gehört der Körperkontakt, um z.B. ein Kind zu trösten oder aufzumuntern. Kinder benötigen unter anderem Vertrauen, Liebe, Geborgenheit, Zuneigung, Bindung und Verlässlichkeit. Dies alles sollte die Lehrkraft dem Kind in der Schule geben.

Aufgrund einer hohen Vertrautheit zwischen Schülern und Lehrkraft kommt es häufig vor, dass ein Kind seine Lehrkraft spontan umarmt. Dieses zuzulassen, sollte eine Selbstverständlichkeit sein und hat mit „Kuschelpädagogik" nichts zu tun. Junge Schüler zeigen so ihre Zuneigung. Diese Sympathiebekundung zurückzuweisen, wäre einer guten Schüler-Lehrer-Beziehung abträglich. Mit der Zeit gehen die Schüler von sich aus immer mehr auf körperliche Distanz und so wird z.B. auch das „Du" mit dem „Sie" mit zunehmendem Alter von allein ausgetauscht. Entscheidend ist aber, dass die gegenseitige Wertschätzung und das gegenseitige Vertrauen erhalten bleiben.

6 Regelmäßige Evaluationen

Professionelles Lehrerhandeln zeichnet sich nicht nur durch guten Unterricht aus, sondern auch, wie bereits ausgeführt, durch einen empathischen Umgang mit den Schülern und ein gutes Klassenklima. Wohl fast jeder wird von sich behaupten, dies als Ziel stets vor Augen zu haben und es in seiner Klasse zu realisieren. Wie verlässlich ist aber diese Selbsteinschätzung? Unsere Wahrnehmung wird stark von unseren eigenen Wunschvorstellungen beeinflusst und kann sich sehr von der Wahrnehmung durch die Schüler oder Eltern unterscheiden (Fremdwahrnehmung). Wir empfinden uns z.B. selbst als gerecht und fair. Aber sehen dies auch unsere Schüler bzw. deren Eltern so?

Um mehr Informationen über die Wahrnehmung der Schüler zu bekommen, sind möglichst objektive Erhebungsmethoden sinnvoll. Hier bietet sich die regelmäßige Evaluation anhand eines Fragebogens, die Erstellung eines Klassensoziogramms oder die Arbeit mit einem Gefühlsbarometer an. Diese Erhebungsmethoden geben gute Auskünfte, wie man von den Schülern wahrgenommen wird, wie die Beziehungen der Schüler zueinander sind und wie sich jeder einzelne in der aktuellen Situation fühlt. Hieraus ergeben sich konkrete Anknüpfungspunkte für eine effektive Beziehungsarbeit in der Klasse, sei es in Bezug auf die eigene Person, den einzelnen Schüler oder die Schüler untereinander. Das Wissen über Unwohlsein, Unzufriedenheit, Ängste, Lernunlust aber auch Freude, Zufriedenheit usw. kann so früh erkannt und wirkungsvoll in die pädagogische Arbeit einbezogen werden. Im Folgenden sollen die Methoden, das Klassensoziogramm und die Befragung näher dargestellt werden.

6.1 Klassensoziogramm

Die Zusammensetzung einer Klassengemeinschaft ist, was ihre Beziehungen untereinander betrifft, immer sehr heterogen. Manche Kinder kennen sich bereits aus dem Kindergarten und die bestehenden Sympathien und Antipathien werden in die Schule mitgebracht. Andere sind neu in den Einzugsbereich gezogen oder es kommt nur ein einziges Kind aus einem Kindergarten. Diese Kinder kennen dann niemanden in der neuen Klasse. Meistens ist man als Lehrkraft durch die Eltern informiert, ob das Kind bereits Freunde an der Schule hat oder ob es allein zur Schule kommt. Natürlich unterstützt man das Kennenlernen der Schüler untereinander und fördert die Bildung von Freundschaften. Aber wie gut gelingt es? Haben wirklich alle den Anschluss an die Klassengemeinschaft gefunden? Hierüber kann man sich gut mit einem Klassensoziogramm einen ersten Überblick verschaffen.

Schnell erfährt man über eine schriftliche Abfrage, wer wen gern mag. Dies ist bereits am Ende der 1. Klasse mit dem Abfrageblatt (siehe Zusatzmaterial) möglich.

Die Kinder schreiben zwei Mitschüler auf, neben denen sie gern sitzen würden. Manche Lehrkraft mag versucht sein, auch zu fragen, neben wem das Kind nicht gern sitzen würde. Dies hätte aber sehr negative Folgen. Die Kinder würden dazu angeleitet werden, darüber nachzudenken, wen sie überhaupt nicht mögen. Ein Ausgrenzungsverhalten gegenüber einzelnen Schülern könnte dadurch verstärkt werden.

Auch viele im Internet vorzufindende Soziogramme schlagen eine Negativabfrage vor. Ein Beispiel: Mit wem würdest du am liebsten zusammenarbeiten (-lernen/-sitzen)? Mit wem würdest du gar nicht gern zusammenarbeiten (-lernen/-sitzen)? Zum Beantworten der Fragen gibt es häufig noch den Hinweis, diese Abfrage für den Sitznachbarn nicht einsehbar, also geheim, durchzuführen. Es ist aber naiv anzunehmen, dass sich Schüler anschließend, z.B. in der Pause, nicht über ihre Nennungen austauschen würden. Wenn sich herausstellt, dass mehrere Schüler den gleichen Namen auf der Negativseite genannt haben, werden sie sich sicher auch darüber austauschen, warum sie diesen nicht mögen. Aus der Absicht, das Klassenklima zu verbessern, ist genau das Gegenteil geworden – eine Verfestigung der

Zusatzmaterial

Klassensoziogramm[34]

[34] Diese Vorlage für ein Soziogramm mit 24 Schüler ausgelegt. Bei Bedarf können weitere Schüler am Rand hinzugefügt werden. Es empfiehlt sich, die beliebtesten Schüler in der Mitte zu platzieren, ansonsten wird es durch die vielen Pfeile, die dann über das ganze Blatt gehen, sehr unübersichtlich.

62 © PERSEN Verlag

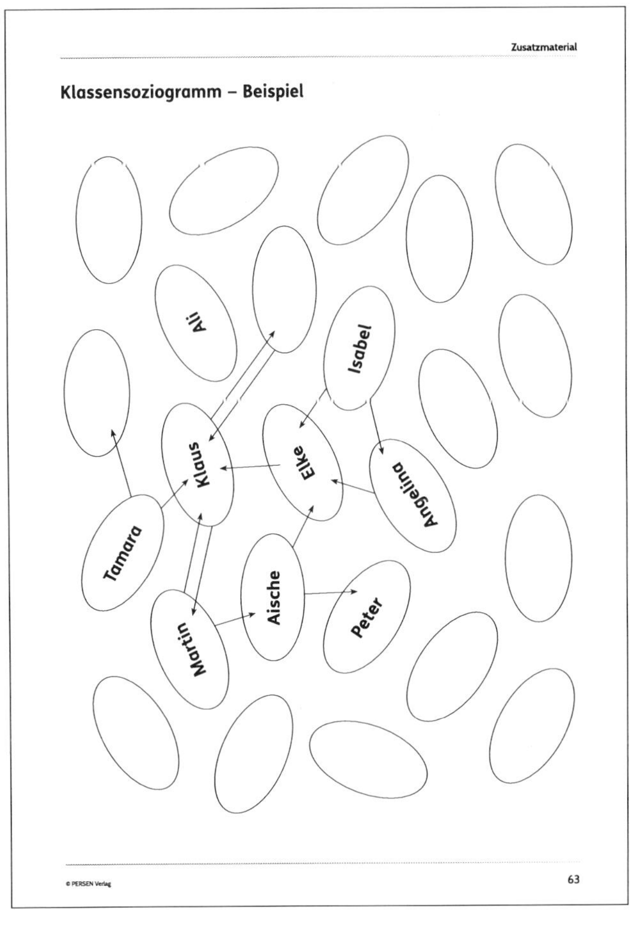
Zusatzmaterial

Klassensoziogramm – Beispiel

© PERSEN Verlag 63

Ablehnung. Auch ohne eine Negativabfrage erhält man einen guten Überblick über die Beziehungsstruktur einer Klasse.

Nach der Abfrage trägt man alle Schülernamen in das Schema für das Klassensoziogramm ein. Hilfreich ist, die Namen der Kinder, von denen man annimmt, sie seien am beliebtesten, in die Mitte zu setzen, da sich dorthin die meisten Pfeile richten. Durch die mittige Platzierung bleibt das Schaubild übersichtlicher.

Die abgebildete Grafik auf S. 17 zeigt, wie ein ausgefülltes Schaubild in etwa aussehen könnte. In der Mitte befinden sich die Schüler, die mehrmals genannt werden, und am Rand jene, die nicht genannt werden. Gut erkennen kann man auch, ob die Vorliebe eines Kindes auf Gegenliebe trifft oder ob es abgegrenzte Freundschaftsgruppen gibt. Was man bei diesem Soziogramm nicht erfährt, ist, ob das Kind, dass nicht gewählt wurde, sich einsam fühlt oder seine besten Freunde außerhalb der Klasse hat.

Was macht man, wenn man das Soziogramm ausgefüllt hat und feststellt, dass es Schüler gibt, die keine engen freundschaftlichen Beziehungen zu ihren Mitschülern haben?

Ein Negativbeispiel: Eine Lehrkraft erstellte mit ihrer 7. Klasse ein Klassensoziogramm und besprach es anschließend mit ihren Schülern. Die Kinder, die häufig von ihren Mitschülern genannt wurden, waren sehr froh. Diejenigen allerdings, die nicht gewählt wurden, haben sich sicherlich noch ausgegrenzter gefühlt, als sie es ohnehin schon waren. Sie erhielten den „gut gemeinten" Rat der Lehrkraft, sich zu überlegen, warum sie von ihren Mitschülern nicht gemocht würden und wie sie sich verändern könnten.

Wichtiger Hinweis: Es sollte jedem klar sein, dass es bei einem Klassensoziogramm um hochsensible Daten geht, die auf gar keinen Fall mit den Schülern einzeln oder im Klassenrat besprochen werden sollten. Das Klassensoziogramm sollte ausschließlich ein Hilfsmittel zur Erkennung der Beziehungsstruktur innerhalb der Klasse für die Lehrkraft sein, um positiv auf das Klassenklima Einfluss nehmen zu können.

6.2 Befragungen

Befragungen sind ein probates Mittel, um sich relativ schnell die Meinung von vielen verschiedenen Personen einzuholen. Nun kann man sich fragen, ob es überhaupt erforderlich ist, mehr über die Meinung der eigenen Schüler und deren Eltern zu erfahren. Schließlich kennt man die Schüler und ihre Eltern sehr gut. Insbesondere in der Grundschule pflegt man intensiven Kontakt zu ihnen. Aber hier hat sich schon mancher geirrt. Es besteht oftmals ein erheblicher Unterschied zwischen der eigenen Einschätzung bzw. Wahrnehmung und der von Schülern oder Eltern zur eigenen Person oder zu schulischen Fragen.

Wenn man derartige Befragungen anonym durchführt, bekommt man ehrliche Antworten, die in vielen wichtigen Fragen weiterhelfen. So kann durch die Selbsteinschätzung zur Aussage: „Wenn ich möchte, finde ich in der Pause Kinder, die mit mir spielen", schnell herausgefunden werden, ob ein Kind die Pause oft oder fast immer alleine verbringt, weil es keine Kontakte zu anderen aufbauen konnte. Solche Schüler erleben zwischen den vielen Kindern auf dem Schulhof eine große Einsamkeit, die der Lehrkraft häufig nicht bekannt ist. Welche Aufsicht beobachtet schon, ob alle Kinder in der Pause jemanden zum Spielen haben. In der Pause ist man eher damit beschäftigt, sich um auftretende Probleme zu kümmern. Da bleiben die „stillen" Konflikte im Allgemeinen unbemerkt.

Die Befragung kann mit einer Klasse, mit einem Jahrgang oder mit der ganzen Schule durchgeführt werden. Dadurch ist es möglich, grundsätzliche, strukturelle Probleme einer Schule zu erkennen. Mit den Informationen erhält man Ansatzpunkte, die für eine Verbesserung des Schulklimas und der Schulqualität genutzt werden können.

Die im Zusatzmaterial befindlichen Schüler- und Elternbefragungsbögen beinhalten viele wichtige Fragestellungen zum Wohlfühlaspekt in der Schule. Abgefragt werden das Lehrkräfteverhalten, das Lehrer-Schüler-Verhältnis, das Schüler-Schüler-Verhältnis, die Konfliktproblematik sowie die Zufriedenheit in/mit der Schule.

Der Schülerbefragungsbogen

Einige Beispiele

- **zum Lehrkräfteverhalten bzw. Lehrer-Schüler-Verhältnis:**

- Meine Lehrer sind gerecht zu den Kindern.
- Meine Lehrer erklären mir alles gut im Unterricht.
- Wenn ich etwas nicht gut verstanden habe, helfen mir meine Lehrer.
- In den Pausen hilft mir die Aufsicht bei Streitereien, falls es nötig ist.

- **zum Schüler-Schüler-Verhältnis bzw. zur Konfliktproblematik:**

- Streitereien kann ich allein klären oder meine Lehrer helfen mir.
- Ich lerne immer wieder in der Schule, mich bei Streitereien richtig zu verhalten.
- In der Pause habe ich ganz selten Ärger mit anderen Kindern.
- Wenn ich möchte, finde ich in der Pause Kinder, die mit mir spielen möchten.
- Auf dem Schulweg habe ich keinen Ärger mit anderen Kindern.

- **zur Zufriedenheit in oder mit der Schule:**

- Ich gehe gern in die Schule.
- Meine Klasse gefällt mir gut.
- Ich kann meine Hausaufgaben alleine machen.
- Ich bin schnell mit den Hausaufgaben fertig.

Die Aussage: „Am Nachmittag verabrede ich mich oft mit anderen Kindern", passt nicht ganz zu den anderen Aussagen. Sie ist aber insofern interessant, da man hierdurch erfährt, ob die Schüler außerhalb der Schule Kontakte zu anderen Kindern pflegen.

Der Elternbefragungsbogen

Die Aussagen im Elternbefragungsbogen ähneln bewusst den Aussagen im Schülerbefragungsbogen. Es hat sich herausgestellt, dass sich die Ergebnisse der Elternbefragung sehr stark mit den Ergebnissen der Schülerbefragung decken. Zusätzlich enthält der Befragungsbogen für die Eltern die Aspekte Unterricht und Schulgebäude. Mit diesem umfassenderen Befragungsbogen erhält man von den Eltern Auskunft über ihre Zufriedenheit mit der Schule insgesamt.

Zusätzliche Aspekte im Elternbefragungsbogen:

- Die Schulräumlichkeiten sind ansprechend gestaltet.
- Den Lehrern gelingt es, für ein angenehmes Lernklima zu sorgen.
- Der Deutschunterricht wird als toll und abwechslungsreich empfunden.
- Mein Kind hat Spaß am Lesen.
- Im Mathematikunterricht wird mein Kind optimal gefördert.
- Naturwissenschaftliche Inhalte werden interessant dargeboten.
- Mein Kind wird fachlich gefordert und ernst genommen.
- Mein Kind wird optimal auf die weiterführenden Schulen vorbereitet.

Einsatz der Befragungsbögen

Der Schülerbefragungsbogen kann bereits ab Mitte der 2. Klasse eingesetzt werden. Der Elternbefragungsbogen bereits ab der 1. Klasse. Natürlich eignen sich nicht unbedingt alle Fragen bereits für die 1. Klasse, was aber weiter kein Problem darstellt, da diese Fragen ausgelassen werden können. Die Bewertungsskala reicht von 1 bis 6. Sie orientiert sich am Notensystem und kann dadurch von Schülern und Eltern leichter verstanden werden. Die Aussagen sind alle sehr positiv formuliert, sodass sie auch mit dem Prädikat 1 (stimmt genau) beantwortet werden können. Das angestrebte Ziel bei einer Befragung sollte nach Möglichkeit im Durchschnitt eine 2 sein. Dies werden Sie sicherlich bei dem einen oder anderen Punkt schon bei einer ersten Befragung erreichen. Dort, wo Sie sich noch weit vom angestrebten Ziel entfernt befinden, sind Ihre Baustellen, an denen Sie arbeiten sollten. Sinnvoll ist es, pro Jahr abwechselnd eine Schüler- und eine Elternbefragung durchzuführen.

Bitte denken Sie daran, dass mit jeder Befragung auch die Problematik des Datenschutzes berührt wird. Wenn Fachlehrkräfte in Ihrer Klasse unterrichten, können Sie die entsprechenden Fragen nach dem Fachunterricht herausnehmen oder sich das Einverständnis der Lehrkraft einholen.

Führen Sie die Befragungen anonym durch, auch die Schülerbefragung. Besprechen Sie mit Ihren Schülern, warum Sie die Befragung durchführen und erläutern Sie die Bedeutung der Anonymität in solchen Fragen. Ich habe hierfür immer einen geschlossenen Karton als „Wahlurne" in der Klasse aufgestellt.

Bei der Durchführung der Schülerbefragung hat es sich als sinnvoll herausgestellt, die Fragen vor der Beantwortung vorzulesen und dazu die jeweiligen Bewertungen: 1 = stimmt genau, 2 = stimmt meistens, 3 = stimmt oft, 4 = stimmt teilweise, 5 = stimmt selten, 6 = stimmt gar nicht, 0 = weiß nicht.

Ich weiß von Lehrkräften, die Angst vor den Ergebnissen solcher Befragungen hatten. Wenn es Ihnen auch so geht, fangen Sie mit der Schülerbefragung an. Die Ergebnisse müssen Sie nicht vor der Elternschaft präsentieren. Sie sind für Sie selbst zur besseren Einschätzung der eigenen Arbeit gedacht. Sollten Sie allerdings eine Elternbefragung durchführen wollen, empfehle ich Ihnen, die Ergebnisse der Befragung auf einem Elternabend zu präsentieren. Da meine Erfahrung zeigt, dass die Ergebnisse bei einer Schülerbefragung und einer Elternbefragung in derselben Klasse von der Tendenz her sehr ähnlich ausfallen, sollte man eine Elternbefragung erst dann durchführen, wenn mit guten Ergebnissen zu rechnen ist. Ansonsten holt man sich eine zusätzliche „Baustelle" ins Haus.

Im Zusatzmaterial finden Sie die Befragungsbögen für die Schüler- und Elternbefragung und einen Elternbrief zur Durchführung einer Elternbefragung. Ebenfalls finden Sie jeweils das Ergebnis einer Schüler- und Elternbefragung aus meiner Schule. Die dort von meiner Schule erreichten guten Ergebnisse sind auf eine lange intensive Arbeit zurückzuführen. Deshalb lassen Sie sich dadurch nicht entmutigen, sondern nehmen Sie es als Ansporn, die eigenen Ergebnisse ständig zu verbessern.

Auswertung der Befragungsbögen

Um die Befragungsbögen schnell auswerten zu können, finden Sie im Zusatzmaterial eine Tabelle, in die Sie per Strichliste die Nennung der Schüler/Eltern eintragen können.

Sie erhalten ein Gesamtergebnis in Form von Durchschnittswerten und gleichzeitig einen Überblick über die Bandbreite (Streuung) der Bewertungen. So kann es sein, dass fast alle Schüler bei dem Punkt: „Unsere Lehrer sind gerecht zu den Kindern" eine 1 oder 2 ankreuzen und zwei Kinder eine 5 oder 6. Solche Ergebnisse sind nicht ungewöhnlich, sondern deuten darauf hin, dass viele Kinder sehr zufrieden sind und einige Kindern sich extrem ungerecht behandelt fühlen. Anhand des ausgefüllten Fragebogens können Sie auch feststellen, ob diese Kinder noch in anderen Bereichen negative Bewertungen abgegeben haben und somit in weiteren Bereichen Unzufriedenheit mit der schulischen Situation zeigen. Sie können also eine Einzelanalyse vornehmen. Negative Bewertungen eines Schülers in fast allen Bereichen

Zusatzmaterial

Auswertung zur Schülerbefragung – Beispiel Strichliste

	Anzahl der Befragten (Die 0-Bewertung nicht mitzählen)	1	2	3	4	5	6	Durchschnitt
1.	17	𝍸𝍷𝍷𝍷	𝍷𝍷𝍷𝍷	𝍷𝍷	𝍷	𝍷𝍷		2,1
2.	17	𝍸	𝍸𝍷	𝍷𝍷𝍷	𝍷𝍷	𝍷		2,3
3.	17	𝍷𝍷	𝍷𝍷𝍷𝍷	𝍷𝍷𝍷𝍷	𝍷𝍷𝍷	𝍷𝍷𝍷𝍷		3,2
4.	17	𝍷𝍷𝍷	𝍸	𝍸𝍷	𝍷𝍷𝍷			2,5
5.	17	𝍷𝍷𝍷	𝍷𝍷	𝍷𝍷𝍷𝍷	𝍸	𝍷𝍷	𝍷	3,2
6.	13	𝍷	𝍷𝍷𝍷	𝍷𝍷	𝍸𝍷	𝍷		3,2
7.	6	𝍷𝍷	𝍷				𝍷𝍷𝍷	3,7
8.	17	𝍸𝍷𝍷𝍷	𝍸	𝍷𝍷	𝍷	𝍷		2,2
9.	0							
10.	17	𝍷𝍷	𝍷𝍷𝍷	𝍷𝍷𝍷𝍷	𝍷𝍷𝍷	𝍷𝍷𝍷	𝍷𝍷	3,2
11.	17	𝍷𝍷	𝍷𝍷𝍷	𝍷𝍷	𝍷	𝍸𝍷	𝍷𝍷𝍷	3,9
12.	17	𝍷𝍷	𝍷𝍷𝍷	𝍷𝍷	𝍷	𝍸𝍷	𝍷𝍷𝍷	3,9
13.	17		𝍷𝍷	𝍷	𝍷𝍷𝍷	𝍸	𝍸𝍷	4,7
14.	17	𝍸𝍷𝍷𝍷	𝍸	𝍷𝍷	𝍷	𝍷		2,2
15.	17	𝍷𝍷𝍷𝍷	𝍷𝍷𝍷	𝍸	𝍷𝍷	𝍷𝍷	𝍷	2,9
16.	17	𝍸𝍷𝍷𝍷𝍷	𝍸𝍷	𝍷			𝍷𝍷	2,1
17.	17	𝍷𝍷𝍷	𝍸𝍷𝍷𝍷𝍷	𝍷𝍷𝍷		𝍷𝍷		2,4
18.	17	𝍸𝍷𝍷𝍷	𝍸	𝍷𝍷	𝍷	𝍷		2,2

© PERSEN Verlag 67

zeigen, dass der Schüler dringend Unterstützung braucht. Oft deutet es auch auf eine Überforderung im Leistungsbereich hin oder umgekehrt auf eine Beeinträchtigung der Leistungen durch das Verhalten.

Die 0-Bewertungen werden nicht eingetragen und bei dem Durchschnittswert nicht berücksichtigt. Deshalb variiert auch bei den Fragen die Anzahl der Befragten.

Bei der Gesamtanalyse, d.h., bei der Auswertung aller Ergebnisse, steht das Konfliktverhalten der Klasse und das Verhalten der Lehrkräfte besonders im Fokus. Stellt sich bei der Befragung z.B. heraus, dass die Lehrkräfte als ungerecht empfunden werden und es viele Konflikte in der Klasse gibt, so könnte dies schon auf einen signifikanten Zusammenhang hindeuten. Lehrkräfte, die positive Bewertungen erhalten, haben im Allgemeinen ein besseres Klassenklima. Schulen mit Pausenaufsichten, die ihren Job gut machen, also Konflikte schlichten, haben bei der Konfliktbewertung durch die Schüler bessere Ergebnisse als Schulen, bei denen sich die Aufsichten weniger engagiert einsetzen und Streitereien laufen lassen. Natürlich kann man Konflikte bei Schülern durch ein optimales Lehrerverhalten nicht völlig ausschließen, aber immerhin erheblich vermindern. Auf jeden Fall wissen Sie als Lehrkraft nach einer Befragung, wo Ihre Baustellen in der Klasse bzw. Schule sind, um gezielt daran arbeiten zu können.

Bei gravierenden Problemen empfiehlt es sich, bereits nach einem halben oder spätestens nach einem ganzen Jahr diese Befragung zu wiederholen. Dann kann man feststellen, in welchem Ausmaß die Interventionen und Veränderungen in der Arbeit Wirkung gezeigt haben. Bei Durchschnittsergebnissen der Befragung von 3 und schlechter besteht dringender Handlungsbedarf. Manche Probleme lassen sich leicht lösen, wie die zu lange Arbeitsdauer bei den Hausaufgaben, andere, wenn z.B. die Lehrkraft als ungerecht empfunden wird, brauchen bei der Behebung mehr Zeit.

7 Empathieförderung in der Schule

Kinder bzw. Schüler sind nicht per se empathisch, sondern haben teilweise nur wenig Einfühlungsvermögen und sind in ihrer Wahrnehmung stärker auf sich selbst fokussiert. Das Sozialverhalten muss erst erlernt werden. Diese Erkenntnis bekommt zunehmend mehr Raum in der Lehrerausbildung.

In Kapitel 4 „Bedeutung der Empathie" habe ich bereits die Wichtigkeit der Grundhaltung gegenüber den Schülern, die von Achtung, Akzeptanz, Toleranz, Wertschätzung und Einfühlungsvermögen geprägt sein sollte, hervorgehoben. Genauso wichtig ist es, die emotionalen Fähigkeiten des Schülers, sein Selbstwertgefühl und seine Motivation zu stärken. Dadurch kommt es zu einer Abnahme von Aggressionen, Regelverstoßen, Verweigerungen und Ängsten und zu einem verbesserten Umgang der Schüler untereinander.

Dabei ist die Lehrkraft bei allen Handlungen im Unterricht oder in der Pause Vorbild für die eigenen Schüler. Wenn ich als Lehrkraft einen Schüler ausgrenze, so werden es seine Mitschüler in vielen Fällen ebenfalls tun. Umgekehrt gilt dies auch, wenn ich mich einem Schüler zuwende, dem es nicht so gut geht, werden meine Schüler eher bereit sein, sich auch so zu verhalten. Allerdings nimmt dieser Vorbildeffekt mit steigender Jahrgangsstufenzahl ab. Wichtig bleibt aber immer, dass ich als Lehrkraft akzeptiert, respektiert und gemocht werde. Nur dann kann ich bei meinen Schülern effektiv an einer Verbesserung der Empathiefähigkeit arbeiten.

Trotzdem kommt es immer wieder vor, dass uns Schüler mit ihrem Verhalten an die Grenzen unserer pädagogischen Handlungsmöglichkeiten bringen. Hier dazu das extremste Beispiel aus meiner pädagogischen Laufbahn.

Fallbeispiel zu Kapitel 7

Ein Schüler, welcher bereits seit zwei Jahren inklusiv beschult wurde, fiel immer wieder dadurch auf, dass er andere Kinder, wenn er sich unbeobachtet fühlte, durch Schläge und Tritte drangsalierte. Er verbreitete Angst unter seinen Mitschülern. Trotz einer Doppelbesetzung in der Klassenführung durch eine Grundschullehrkraft und einen Sonderpädagogen über die gesamte Unterrichtszeit veränderte sich das Verhalten dieses Schülers nicht. Zusätzlich wurde eine Schulpsychologin eingeschaltet. Als die Schule erfuhr, dass der Schüler eine Katze brutal zu Tode gequält habe, wurde die Reißleine gezogen. Was war passiert? Der Schüler hatte nachmittags eine Katze eingefangen und sie so weit in der Erde eingegraben, dass sie sich nicht befreien konnte, aber auch nicht starb. Er soll jeden Tag nachgeschaut haben, ob die Katze noch lebt. Dieser Schüler wurde daraufhin der Schule verwiesen und besuchte danach eine andere Einrichtung.

Dies ist wirklich ein Extrembeispiel. Ich schildere es hier, weil es Fälle gibt, wo wir trotz intensiver guter Arbeit nichts bei Schülern bewirken können. Wenn die Empathiefähigkeit bei einem Schüler so gering entwickelt ist, wie z. B. in diesem Fall, müssen andere Wege gesucht werden, um diesen Schülern zu helfen und sie zu beschulen.

7.1 Unterrichtseinheiten

Um gezielt die Empathiefähigkeit der Kinder zu fördern, bietet es sich an, Unterrichtseinheiten hierzu durchzuführen. Diese Einheiten sollten eine hohe Identifikationsmöglichkeit für die Schüler bieten, denn nur durch starke emotionale Betroffenheit ist es möglich, Gewinn aus solchen Einheiten zu ziehen. Ich selbst habe z. B. gern in der 1. Klasse die Geschichte: „Regenbogenfisch“, in der 2. Klasse die Geschichte „Der Seelenvogel“ und in der 3. Klasse die Geschichte „Irgendwie Anders“ als Grundlage genommen.

Der Regenbogenfisch

Die Geschichte:

Im Mittelpunkt der Geschichte steht der Regenbogenfisch, der durch seine außergewöhnlichen Glitzerschuppen der allerschönste Fisch im ganzen Ozean ist. Die anderen Fische beneiden ihn um diese Schuppen. Sie hätten auch gern solch schöne Glitzerschuppen und fragen deshalb den Regenbogenfisch, ob er nicht eine abgeben könne. Da der Regenbogenfisch aber befürchtet, dann nicht mehr der schönste Fisch zu sein, behält er alle seine Glitzerschuppen für sich. Die anderen Fische spielen daraufhin nicht mehr mit ihm und er ist der einsamste Fisch im ganzen Meer. Zum Schluss entscheidet sich der Regenbogenfisch doch dafür, seine Glitzerschuppen mit den anderen Fischen zu teilen. Für ihn bleibt am Ende nur eine einzige übrig. Aber das stört ihn nicht. Er ist jetzt glücklich und nicht mehr einsam, weil er Freunde gefunden hat.[15]

Der Regenbogenfisch hat ein hohes Identifikationspotential. Er ist wunderschön und wird von den anderen Fischen bewundert. Hinzu kommt, dass junge Kinder gerade Dinge, die glitzern, besonders schön finden. Wer von den Kindern möchte nicht schön sein und bewundert werden? Wenn ich meinen Schülern den Anfang der Geschichte vorgelesen und anschließend gefragt habe, ob der Regenbogenfisch seine Glitzerschuppen abgeben oder lieber behalten solle, waren die meisten Kinder der Meinung, er solle seine Schuppen behalten, da er sonst nicht mehr der schönste Fisch im Meer sei. Diese Sicht ändert sich, als der Regenbogenfisch unter seiner Einsamkeit leidet. Und hier besteht ein guter Ansatzpunkt für den Unter-

[15] Vgl. Pfister, Marcus: Der Regenbogenfisch, Zürich: NordSüd Verlag 1992.

richt, einmal zu problematisieren, ob sich auch schon jemand z.B. in der Pause einsam gefühlt hat.

Durch die Geschichte des Regenbogenfischs waren meine Schüler viel eher bereit, mit Außenseitern der Klasse in der Pause zu spielen, da sie sich vorstellen konnten, wie traurig Einsamkeit machen kann. Zu der Geschichte habe ich mit meiner Klasse immer das Lied „Regenbogenfisch"[16] von Marcus Pfister gesungen. Das Lied gibt es auch als Play-back-Version. Im Kunstunterricht malten die Kinder den Regenbogenfisch mit vielen bunten Schuppen. Für die Glitzerschuppe besorgte ich Glitzerfolie, damit jeder gemalte Regenbogenfisch eine Glitzerschuppe erhielt. Diese intensive Beschäftigung mit der Geschichte des Regenbogenfisches hat bei meinen Schülern zu einer stärkeren Sensibilisierung und Reflexion in Bezug auf die Bereiche Einsamkeit, Trauer, Freundschaft und Freude am Abgeben geführt.

Die Geschichte selbst habe ich nicht gleich im Ganzen vorgelesen. Ich las jeweils zwei Seiten vor, um dann mit den Kindern über die Gefühle des Regenbogenfisches und über die Gefühle der an deren Fische zu sprechen. Im Anschluss daran sangen wir jedes Mal das Lied: „Regenbogenfisch, komm hilf mir."

Der Seelenvogel

Die Geschichte:

Ausgangspunkt der Geschichte ist die Seele, die in jedem wohnt. Obwohl noch niemand die Seele gesehen hat, gibt es sie. In der Mitte der Seele befindet sich der Seelenvogel. Er empfindet alles, was wir empfinden.

Der Seelenvogel kann wahrnehmen, ob jemand traurig, böse oder fröhlich ist. Anhand von eindrucksvollen Zeichnungen werden die jeweiligen Gefühle dargestellt. Wenn sich z.B. der Seelenvogel freut, macht er fröhliche Sprünge. Für alle Gefühle besitzt der Seelenvogel Schubladen in seinem Körper. Je nachdem wie es ihm geht, öffnet er die entsprechende Schublade. Wenn es dem Seelenvogel mal nicht gut geht, dann hat er eine böse Schublade aufgemacht, und wenn es ihm gut geht, hat er eine positive Schublade genommen. Es gibt Schubladen für Freude, Enttäuschung, Ungeduld, Wut, Trauer, Hoffnung usw. Aber der Seelenvogel macht nicht immer, was wir wollen. Manchmal zieht er einfach die Schublade Wut auf und wir sind dann auf einmal wütend. So kann es passieren, dass wir böse oder eifersüchtig sind, ohne dass wir es wollen.[17]

Durch die Personifizierung der Gefühle anhand des Seelenvogels ist es besonders gut möglich, im Unterricht über Emotionen zu sprechen. Das Gefühl ist hiernach etwas, das ein eigenes Leben hat und uns dazu bringt Dinge zu tun, die wir nicht gewollt haben. Mit diesem Bild kann man gut im Bereich der Streitschlichtung arbeiten. Wie oft streiten sich Kinder und es tut ihnen anschließend leid, dem anderen wehgetan zu haben. Durch die Figur des Seelenvogels ist es für die Schüler eher möglich, etwas distanzierter auf ihre eigenen Gefühle zu schauen bzw. auch unangenehme Empfindungen zuzulassen. Zu der Geschichte vom Seelenvogel gibt es eine Unterrichtseinheit für den Religionsunterricht[18], die auch für den nicht konfessionellen Unterricht einsetzbar ist.

Irgendwie Anders

Die Geschichte:

Im Zentrum der Geschichte steht der kleine Irgendwie Anders. Er sieht anders aus und ist auch in seinem Verhalten anders als alle anderen. Er wohnt allein auf einem Berg und hat keine Freunde. Die anderen sagen immer wieder zu ihm, dass es ihnen leidtäte, aber er sei nicht wie sie und gehöre nicht zu ihnen. Irgendwie Anders ist sehr einsam und traurig. Er versucht, sich anzupassen und so zu sein wie die anderen, aber es gelingt ihm nicht.

16 Pfister, Marcus: Regenbogenfisch komm, hilf mir! Audio CD, Menschenkinder Verlag, 2014.
17 Vgl.: Snunit, Michal: Der Seelenvogel. Hamburg: Carlsen Verlag 2018.
18 Ernsten, Svenja: Religionsprojekt zu: Der Seelenvogel. Kempen: BVK Buch Verlag Kempen GmbH 2016.

Er malt anders, er sieht anders aus und er benimmt sich anders. Bis eines Tages jemand an die Tür klopft, der auch völlig anders aussieht, auch anders als Irgendwie Anders. Zunächst lehnt Irgendwie Anders dieses fremde Etwas ab und will nichts mit ihm zu tun haben. Doch als er merkt, wie traurig dieses fremde Etwas wird, verändert er seine Haltung und sie werden Freunde. Anderen gegenüber, die sich anders verhalten oder anders aussehen, verhalten sie sich aufgeschlossen und nehmen sie bei sich auf.[19]

Bei dieser Geschichte, die aus der Sicht von Irgendwie Anders erzählt wird, können die Schüler sehr gut die Gefühle von Irgendwie Anders nachvollziehen. Im Unterrichtsgespräch werden die Schüler sicherlich die Ablehnungen und Ausgrenzungen, die er erfährt, und seine Einsamkeit nachempfinden können. Diese Geschichte, die bereits 1994 geschrieben wurde, hat an Aktualität nichts eingebüßt. Verhaltensweisen und Einstellungen wie Ausgrenzung, Mobbing, Ausländerhass usw. lassen sich hieran gut thematisieren.

Bei der Besprechung der Geschichte mit der Klasse wird man sicher erst einmal deren Inhalt erörtern. Anschließend kann im Unterrichtsgespräch thematisiert werden, ob jemandem in der Klasse schon mal etwas Ähnliches passiert ist, ob jemand geärgert wurde, weil er etwas anders gemacht hat oder anders aussieht. Vielleicht kennt man einen anderen Schüler in der Schule, der ständig geärgert wird, weil er dick ist oder andere Auffälligkeiten besitzt. Im zweiten Schritt käme dann die Reflexion über das eigene Verhalten: „Habe ich selbst schon mal jemanden ausgegrenzt?"

Wir erleben in unserer Gesellschaft immer mehr Fremdenfeindlichkeit. Diese Entwicklung wurde durch den Flüchtlingsstrom aus Syrien und dem Irak verstärkt. Auch Mobbing ist zu einem gravierenden Problem an unseren Schulen geworden. Hierzu eine Haltung zu entwickeln, die sich durch Toleranz, Akzeptanz und freundschaftliches Handeln dieser Tendenz entgegenstellt, bekommt immer mehr Relevanz. „Irgendwie Anders" ist eine Geschichte, die sich auf besonders einfühlsame Weise und mit hoher Identifikationsmöglichkeit mit dieser Problematik beschäftigt. Zu der Geschichte „Irgendwie Anders" gibt es auch eine Unterrichtseinheit für den Deutschunterricht.[20]

7.2 Gefühlsbarometer

Unsere Schüler kommen morgens mit ganz unterschiedlichen Gefühlen in die Schule. Manchen sieht man ihre Gefühlslage sehr deutlich durch ihre Gestik und Mimik an. Einige äußern sich auch gleich verbal zu den Ursachen ihrer Stimmung, wenn etwas Besonderes vorgefallen ist. Diese Gefühle gehen von Trauer über Angst bis hin zu großer Freude. So kann der Tod eines Haustieres ein Kind emotional erschüttern, ein schönes Geburtstagsgeschenk in Hochstimmung bringen oder Drohungen anderer Kinder auf dem Schulweg in Angst versetzen. Wichtig ist es, dass die Schüler sich ihrer Gefühle bewusst werden, sie benennen können, um gegebenenfalls Hilfe einzuholen. Nur wer sich seiner eigenen Empfindungen bewusst ist, kann für die Emotionen anderer sensibilisiert werden. Daher ist das Besprechen von Gefühlen im Unterricht ein wichtiger Bestandteil für ein besseres Verstehen untereinander und für die Empathiebildung unerlässlich. Als Lehrkraft kann ich meine Anteilnahme mit folgenden Handlungen gut zum Ausdruck bringen: Trost spenden, bei Problemen nach Lösungen suchen, helfen oder auch an der Freude Anteil nehmen.[21]

Sechs Gefühlsgesichter werden untereinander auf einen Pappstreifen geklebt. Für jedes Kind wird eine Wäscheklammer mit seinem Vornamen angefertigt. Dieser Streifen kann an die Tür oder in der Nähe davon angebracht werden. Er kann aber auch gut in der Form wie in der Kopiervorlage (siehe Zusatzmaterial) benutzt werden. Wenn das Kind morgens in die Klasse kommt, nimmt es seine Wäscheklammer und befestigt diese bei dem

[19] Vgl.: Cave, Ridell: Irgendwie Anders. Hamburg: Oetinger Verlag 2010.

[20] Giesen, Birgit: Literaturprojekt Irgendwie Anders. 2. und 3. Klasse GS und So-Schule. Kempen: BVK Buch Verlag Kempen GmbH 2015.

[21] Mehr hierzu im Kapitel 7: Empathieförderung in der Schule.

Bild, welches am besten zu seiner Stimmung passt. Es empfiehlt sich, das Gesicht, welches wahrscheinlich am häufigsten gewählt wird, meistens ist es das lachende Gesicht, ganz nach unten zu kleben (wegen der vielen Wäscheklammern). Da die Bilder teilweise unterschiedlich interpretiert werden können, ist es sinnvoll, vorher mit der Klasse über die einzelnen Bilder und die dargestellten Gefühle zu sprechen.

Ich bin müde, gelangweilt, lustlos.

Es geht mir nicht gut. Oder auch:
Ich habe Ärger, Angst.

Ich bin wütend oder sauer.

Ich bin traurig.

Ich bin neugierig oder gespannt auf das, was kommt.

Ich bin fröhlich. Es geht mir gut.
Ich freue mich.

Es bietet sich an, gleich morgens nach dem Unterrichtsbeginn über die einzelnen Angaben der Kinder beim Gefühlsbarometer zu sprechen. Ein gutes Forum bietet der Morgenkreis. Jedes Kind kann hier erzählen, warum es bei welchem Bild die Klammer gesetzt hat. So können Kinder lernen, über ihre Gefühle zu sprechen. Natürlich muss es jedem einzelnen Kind freigestellt bleiben, ob es sich äußern möchte. Ich habe hin und wieder erlebt, dass Kinder nicht über ihre Gefühlslage sprechen wollten. In diesem Fall sollte auf jeden Fall das individuelle, vertrauensvolle Gespräch mit dem Kind gesucht werden. Durch das regelmäßige Sprechen über Gefühle erfahren die Kinder, dass Gefühle nicht tabuisiert werden, sondern dass man sie zulassen und darüber sprechen darf und man Hilfe und Zuspruch bekommt, wenn es einem nicht gut geht. Sie werden sensibilisiert für ihre eigenen Gefühlslagen und lernen dadurch, die Gefühle ihrer Mitschüler besser wahrzunehmen und Empathie zu zeigen.

Eine besondere Rolle beim Sprechen über die Gefühle der jeweiligen Schüler spielt die Vorbildfunktion der Lehrkraft. Indem sie Kindern mit Problemen Mut zuspricht, Lösungen sucht, Unterstützung gibt oder Trost spendet, sind Schüler schneller bereit, sich ebenfalls empathisch ihren Mitschülern gegenüber zu verhalten. Die Lehrkraft vermittelt, keiner braucht sich für seine Gefühle zu schämen und wenn es jemandem nicht gut geht, erhält er Hilfe.

Ich habe das Gefühlsbarometer immer über einen Zeitraum von zwei bis drei Wochen eingesetzt und dann erst wieder nach einer längeren Pause. Wenn man es durchgehend über einen zu langen Zeitraum einsetzt, nutzt sich der Effekt schnell ab und verliert seine Wirkung.

7.3 Sitzordnung

Freundschaften zwischen Kindern sind etwas sehr Positives und wichtig für die Persönlichkeitsentwicklung. Sie beruhen im Allgemeinen auf starker gegenseitiger Zuneigung und großer Vertrautheit mit dem Verhalten des anderen. Dazu gehört, dass man sich gegenseitig unterstützt und hilft. Freundschaften geben den Kindern Halt und Sicherheit. Oftmals halten sie während der gesamten Schulzeit. Deshalb ist die Förderung von Freundschaften pädagogisch erstrebenswert.

Wenn die Kinder eingeschult werden, geben die Eltern meistens schon an, mit wem ihr Kind in eine Klasse kommen soll. So gibt es bereits zu Schulbeginn feste Freundschaften und Bindungen. Diese Kinder spielen in der Pause zusammen und wählen sich in der Klasse als Sitznachbarn. Dies ist soweit auch gut und erstrebenswert, da Freunde Halt und Sicherheit bieten, was gerade zum Schulbeginn, wo alles neu und fremd ist, einen ganz besonderen Stellenwert hat. In der Schule erleben wir aber auch Kinder, die kaum Zugang zu anderen Kindern finden und nur wenig Kontakt zu ihnen aufnehmen. Durch ein Klassensoziogramm (siehe Kapitel 6.1) zu der Frage „Neben wem möchtest du gern sitzen?" lässt sich dies gut herausfinden. Anschließend kennt man jene Kinder, neben denen keiner so gern sitzen möchte, die also etwas außerhalb der Klassengemeinschaft stehen. Danach ist die Erstellung einer Sitzordnung, bei der die Wünsche dieser Kinder besonders berücksichtigt werden, möglich. Die Sitzordnung in einer Klasse sollte nicht zu oft gewechselt werden, damit sich neue intensivere Beziehungen entwickeln können. Ich empfehle, frühestens wieder nach vier Wochen zu wechseln. Außerdem bringt ein häufiger Sitzplatzwechsel zusätzlich Unruhe in die Klasse.

Festgelegte Sitzordnung

Ich bin immer so vorgegangen, dass ich bei der Zusammenstellung der Sitzordnung die Kinder zu Beginn der 1. Klasse frei wählen lasse und nur dort eingreife, wo sie mit der Sitzplatzwahl unglücklich sind. Nach etwa vier bis fünf Monaten setzte ich dann das Klassensoziogramm ein. Danach erstelle ich eine neue Sitzordnung, bei der jedes Kind einen von den gewählten Sitznachbarn erhält. Diejenigen, die bei der Abfrage zum Klassensoziogramm nicht als Sitznachbar gewählt wurden, erhalten so auch einmal einen Wunschpartner.

Freie Sitzordnung

Eine andere Möglichkeit ist eine frei gewählte Sitzordnung: Die Kinder dürfen sich selbst einen Sitznachbarn suchen. Es darf aber keiner sein, neben dem sie vorher gesessen haben. Hierbei kann es leicht passieren, dass einige Kinder doch wieder Ablehnung erfahren, weil keiner sie als Sitznachbarn haben möchte. Um Konflikte zu verhindern, sollte den Kindern klar sein, dass die Lehrkraft letztendlich die Sitzordnung entscheidet. Kommt es, z.B. zwischen zwei Sitznachbarn, häufiger zu Konflikten, bekommen beide oder einer einen Einzelplatz oder einen neuen Sitznachbarn.

Losverfahren

Bewährt hat sich auch, durch ein Losverfahren die Sitzplätze in der Klasse zu verteilen. Dies empfehle ich aber noch nicht für die 1. Klasse und nur bedingt für die 2. Klasse. Durch ein Losverfahren bekommen die Kinder immer wieder neue Partner. Auch Jungen sitzen neben Mädchen, was bei freier Sitzplatzwahl im Grundschulbereich nicht so oft vorkommt. Hierbei gilt: Ein zu häufiger Wechsel bringt Unruhe in die Klasse.

Gruppentische, Hufeisenform, Einzeltische

Es hat sich meiner Meinung nach nicht bewährt, gleich ab Klasse 1 mit Gruppentischen zu beginnen, da die Kinder noch nicht in Gruppen zusammenarbeiten können. Gruppentische sind ein zusätzlicher Unruheherd bzw. für manche Kinder auch eine zu große Ablenkung, was zulasten ihrer Aufmerksamkeit und Konzentration geht. Ich empfehle die Hufeisenform. Alle Kinder können sich sehen und haben rechts und links jeweils einen Sitznachbarn. In die Mitte des Klassenraums kann man dann einen Tisch stellen, der für kleine Präsentationen genutzt werden kann. Das Ganze erzeugt auf jeden Fall eine bessere Atmosphäre als Sitzreihen. Gruppentische bieten sich meiner Meinung nach frühestens ab Mitte der 2. Klasse an.

7.4 Pausenregelung

In jeder Klasse gibt es Kinder, die am Rande der Gemeinschaft stehen. Solange Interaktionen zu einzelnen Schülern bestehen, ist dies durchaus in Ordnung. Problematisch wird es, wenn überhaupt keine richtigen Kontakte zu Mitschülern vorhanden sind. Diese Kinder sind in der Pause allein und haben niemanden zum Spielen. In der Klasse kann sich dies durch Formen negativer Kontaktaufnahme zu den Mitschülern äußern. Einsam in der Pause zu sein, umgeben von vielen Kindern, die alle nicht mit einem spielen, ist schrecklich. Ursache dafür kann die Zurückhaltung eines Kindes oder sein anstrengendes Verhalten sein. Für mich war es immer wichtig, bereits in der 1. Klasse dafür zu sorgen, dass alle Kinder in der Pause jemanden zum Spielen haben. Durch die Geschichte vom Regenbogenfisch sollte jedem Kind klar geworden sein, wie man sich fühlt, wenn man einsam ist. Mit dem Hinweis auf den Regenbogenfisch war es für mich meistens leicht, andere Kinder zum Mitspielen zu bewegen.

Vor jeder Pause habe ich gefragt, ob jeder jemandem zum Spielen hat. Schüler, die sich zum Mitspielen bereit erklärten, wurden gelobt. Nach der Pause kam von mir die Nachfrage, ob das Zusammenspiel geklappt habe.

8 Konflikte rechtzeitig erkennen – präventiv handeln

8.1 Schüler-Schüler-Konflikt

Die Auslöser von Konflikten sind sehr vielfältig. Häufig sind es Kleinigkeiten, die zur Entstehung einer heftigen Konfrontation führen. Da reicht schon mal ein versehentliches Anrempeln im Vorbeigehen oder eine Provokation durch Blicke: „Der hat mich die ganze Zeit angeguckt." Teilweise können sich die Kontrahenten an den Auslöser ihres Konfliktes gar nicht mehr erinnern. Es gibt aber auch Konflikte, die sich bereits im Vorfeld ankündigen. Wenn man diese Signale rechtzeitig wahrnimmt, kann man deeskalierend eingreifen und erspart sich viel Arbeit bei der Mediation einer eskalierten Auseinandersetzung. Wer auf derartige Signale achtet, wird seine Wahrnehmung diesbezüglich ständig verbessern. Sichere Anzeichen dafür, dass sich ein Streit ankündigt, ist eine gestörte Kommunikation. Beleidigungen werden ausgesprochen, die dann vielfach in den berühmten „F"-Wörtern münden, oder der Kontrahent wird lächerlich gemacht oder ausgegrenzt. Es werden Verbündete gesucht, die als Unterstützer der eigenen Ablehnung dienen. Bei der Arbeit in der Klasse wird z.B. der Aufforderung zur Zusammenarbeit mit dem Kontrahenten nur unter Protest und unwillig Folge geleistet. Unterschwellig schwelende Konflikte lösen sich nicht von allein auf, sondern sie haben immer die Tendenz zur Eskalation. Da reicht auch nicht die Feststellung: „Die können sich halt nicht riechen." Je länger ich warte, einen Konflikt zu bearbeiten, desto schwieriger wird es, festgefahrene Einstellungen und Haltungen aufzubrechen.

8.2 Schüler-Lehrer-Konflikt

Wie bei den Schüler-Schüler-Konflikten gibt es auch Schüler-Lehrer-Konflikte, die sich langsam entwickeln und dann in einer Eskalation enden können. Erste Anzeichen können darin bestehen, dass eine abwehrende und negative Körperhaltung gezeigt wird. Anweisungen und Entscheidungen werden nur widerwillig befolgt. Provokative Bemerkungen werden geäußert: „Das ist aber langweilig!" Das Produzieren von störenden Geräuschen ist auch ein beliebtes Mittel. Noch stärker als beim Schüler-Schüler-Konflikt gilt hier schnell zu intervenieren, weil ansonsten die Gefahr besteht, dass immer mehr Schüler in dieses Verhalten einsteigen und schlussendlich den Unterricht sprengen. Besonders als Fachlehrer mit vielen wechselnden Klassen ist man gezwungen, auf Provokationen schnell zu reagieren, da man den besonderen Empathiebonus, über den die Klassenlehrkraft verfügt, nicht hat. Schüler testen immer gern ihre Grenzen aus, d.h., sie probieren aus, wie weit sie bei einer Lehrkraft gehen können. Manche Klassen reagieren stärker als andere, was an der unterschiedlichen Schülerschaft sowie an der unterschiedlichen Klassenführung liegt. So kann es sein, dass sich Schüler bei einer Lehrkraft hervorragend benehmen und bei einer anderen über Tische und Bänke gehen. Schüler spüren genau, ob man als Lehrkraft bei seinen Interventionen unsicher ist. Jeder scheinbare Spielraum, der sich ihnen bietet, wird ausgenutzt. Da gilt es, dem konsequent entgegenzutreten und wirkungsvoll zu handeln. Die Hoffnung, dass sich die Situation mit der Zeit bessern wird, wenn man sich erst richtig kennengelernt hat, ist ein Trugschluss.

8.3 Präventive Maßnahmen

8.3.1 Im Klassenraum

Konflikte erkennen, bevor sie überhaupt entstehen, hört sich einfacher an, als es ist. Deshalb ist es ratsam, sich mit den Gefühlslagen der Schüler zu beschäftigen. Dann man kann auch schnell Veränderungen im Verhalten feststellen.

Zuhören

Es ist wichtig, stets zuzuhören, wenn Schüler etwas erzählen möchten oder ein Problem haben. Auch wenn man nicht immer eine Lösung hat, hat man doch seine Anteilnahme gezeigt. Allein dadurch, dass der Ärger oder Kummer wahrgenommen wird, fühlt sich das Kind schon besser.

Beschwerden

Jede vorgebrachte Beschwerde sollte ernst genommen werden. Leicht ist man geneigt, wenn ein Kind sich über eine Kleinigkeit beschwert, zu antworten: „Das ist aber wirklich nicht so schlimm." Dies führt schnell dazu, dass sich das Kind zurückgesetzt fühlt und in Zukunft mit seinen Problemen nicht mehr kommt. Das Problem, welches man als Lehrkraft als Kleinigkeit abtut, kann für das Kind wesentlich bedeutsamer sein. Allein Äußerungen wie: „Du bist deshalb jetzt sauer!" oder „Du bist jetzt enttäuscht. Das verstehe ich!" führen bei vielen Kindern schon zu einer Entspannung.

Regeln und Rituale

Regeln und Rituale sind ein unverzichtbarer Bestandteil für einen gut strukturierten Schulalltag. Versuchen Sie, möglichst viele Abläufe am Tag durch feste Rituale zu organisieren. So habe ich z.B. immer nach einer längeren Arbeitsphase eine sogenannte Aufräummusik vom CD-Player abgespielt. Für die Dauer der Musik haben die Schüler Zeit, ihre Arbeitsmaterialien wegzuräumen oder einen begonnenen Satz zu Ende zu schreiben. Für alle ist klar, wenn die Musik aufhört, müssen alle damit fertig sein. Durch dieses Ritual muss ich die Kinder nicht immer wieder erinnern, endlich mit dem Aufzuräumen anzufangen. Ich erspare mir viele Ermahnungen. Wenn die Musik schwungvoll ist, hebt sie gleichzeitig die Stimmung der Schüler.

Die Klassenregeln und die Schulordnung sollten mit den Schülern gemeinsam erarbeitet werden. Im Zusatzmaterial finden Sie jeweils ein Beispiel für eine Schulordnung und für Klassenregeln. Dabei gilt: Lieber nicht zu viele Regeln aufstellen, die aber konsequent einhalten.

Lärmpegel in der Klasse

Das ruhige Arbeiten im Klassenraum kann man trainieren. Klassen sind nicht automatisch laut oder leise und es liegt nur zu einem kleinen Teil an den Schülern selbst. Wir Lehrkräfte entscheiden darüber, ob die Gesprächsregeln eingehalten werden und Ruhe in den Arbeitsphasen herrscht. Ruhe in Arbeitsphasen bedeutet für die Schüler eine bessere Konzentration und entspannteres Arbeiten. Ein zu hoher Lärmpegel verursacht Stress und wirkt sich natürlich auf die Konfliktanfälligkeit einzelner Schüler aus. Lärm macht aggressiv – Schüler und auch Lehrkräfte.

Übungen zum „Leisetraining": Beginnen Sie zunächst mit einer kurzen „Leisezeit" während einer Arbeitszeit, in der überhaupt nicht gesprochen werden darf (z.B. fünf Minuten). Danach darf bei Bedarf leise mit dem Nachbarn geflüstert werden. Es ist erstaunlich, wie viele Kinder das Flüstern erst noch lernen müssen. Deshalb ist es zunächst immer wieder erforderlich, wenn der Geräuschpegel erneut steigt, wieder in den „Stillemodus" überzugehen (z.B. für fünf Minuten). Wer sich daran nicht hält, bekommt einen anderen Sitzplatz (allein!). Bei einer 1. Klasse sollten die Sequenzen zunächst wesentlich kürzer sein. Da ist eine Minute schon ziemlich lang. Wichtig ist beim „Leisetraining", wie bei allen Maßnahmen, dass den Schülern vermittelt wird, warum Ruhe im Klassenraum wichtig ist. Die Schüler werden überrascht sein, wie viel mehr sie beim Arbeiten schaffen, wenn es im Klassenraum leise ist, und sie werden die Ruhe als sehr angenehm empfinden.

Lärmampel

Im Handel gibt es sogenannte Lärmampeln, die für den jeweiligen Geräuschpegel die Farben Grün, Gelb und Rot anzeigen. Diese sind sehr hilfreich, den Schülern auch optisch den Grad der Lautstärke in der Klasse anzuzeigen und sie für Ruhe zu sensibilisieren. Der erhoffte Effekt, Schüler zum leiseren Arbeiten in der Klasse zu bewegen, nutzt sich allerdings schnell ab. Ich habe selbst bei sehr erfahrenen Kollegen festgestellt, dass diese Ampeln spätestens nach acht Wochen nicht mehr benutzt wurden.

Namensschilder oder Sitzplan?

Bei allen Konflikten, die in der Klasse auftreten oder sich anbahnen, ist eine schnelle Intervention durch die Lehrkraft erforderlich. Regellose Zwischenrufe oder Pöbeleien vonseiten einzelner Schüler können schnell eine ganze Klasse in Aufruhr versetzen. Wenn man dann die einzelnen Schüler nicht namentlich ansprechen kann, hat man es schwer, Fehlverhalten zu unterbinden. Als Fachlehrkraft mit mehreren verschiedenen Klassen ist es nicht einfach, sich die Namen aller Schüler schnell zu merken. Ein Sitzplan ist meistens wenig hilfreich, da sich, insbesondere in der Grundschule, die Sitzordnung häufiger ändert. Außerdem verstreicht zu viel Zeit, wenn man erst den Namen auf dem Plan suchen muss. Bei der Verwendung von Namenschildern hat man immer die Namen parat, egal wo man sich als Lehrkraft im Klassenraum befindet. Außerdem prägen sich die Namen durch die ständige Präsenz auch schneller ein. Ich habe am Ende der Stunde die Namensschilder immer eingesammelt, damit ich sie für die nächste Stunde gleich parat hatte. Wenn ich Kinder mit dem Namen kenne und sie mit Namen ansprechen kann, erzeugt das mehr Nähe, Vertrautheit und Akzeptanz.

Umgang mit Störern

Bei der Erstellung der Sitzordnung bilden die Schüler, die entweder zu viel mit dem Nachbarn reden und nicht zum Arbeiten kommen oder sich ständig streiten, ein besonderes Problem. Man kann diese Kinder von vornherein an einen Einzelplatz setzen, z.B. in die Nähe des Lehrerpults, was allerdings eine starke Sonderrolle in der Klasse bedeutet. Mein Vorschlag: Bei Fächern, wie Mathematik oder Deutsch, die eine hohe Konzentration und Aufmerksamkeit erfordern, sitzt dieses Kind an einem Einzelplatz. Ansonsten hat es einen Sitzplatz neben einem anderen Schüler. Kindern, die eine Änderung der Sitzordnung verlangen, weil sie sich gestört fühlen, biete ich einen Einzelplatz als Ausweicharbeitsplatz an.

In diesem Fall wird nicht der scheinbare Störer durch Wegsetzen bestraft, sondern der sich gestört Fühlende darf sich woanders hinsetzen. Dies hat den Vorteil, dass die Aktion keine Sanktion beinhaltet und trotzdem das Ziel „Ruhe zum Arbeiten" erreicht wird. Dieser Ausweicharbeitsplatz kann sich auch auf dem Flur befinden. Kinder mit ADS oder ADHS wählen nach meiner Erfahrung gern einen ruhigen Arbeitsplatz und fragen manchmal nach, ob sie auf dem Flur arbeiten dürfen. Das Wegsetzen wird somit als etwas Positives empfunden.

Positionierung der „Kampfhähne"

Es gibt Schüler, deren Adrenalinpegel wesentlich schneller steigt als bei anderen Schülern. Wenn man davon nur einen in der Klasse hat, ist das meistens noch recht gut zu händeln. Bei zwei oder drei Schülern wird es schon mal zu einer Herausforderung. Hier ist es wichtig, bei der Sitzordnung darauf zu achten, dass diese Kinder in einer Klasse räumlich möglichst weit voneinander entfernt sitzen. Auch sollten sich ihre Wege nicht kreuzen, wenn sie zur Tafel gehen oder sich Materialien holen. Ansonsten kann es im Vorbeigehen schnell passieren, dass der andere ein Buch auf den Kopf bekommt oder ihm umgekehrt ein Bein gestellt wird. Und schon hat man aus heiterem Himmel einen handfesten Konflikt.

Auszeit geben

Es gibt in jeder Klasse Kinder, die sehr impulsiv sind und ihr Verhalten nur bedingt kontrollieren können. Wenn eine Frage gestellt wird, platzt die Antwort förmlich aus ihnen heraus. Es fällt ihnen schwer, sich an die aufgestellten Regeln zu halten. Diesen Kindern kann man manchmal durch eine Auszeit helfen. Diese kann z.B. darin bestehen, dass sie auf dem Flur weiterarbeiten oder eine Runde auf dem Schulhof laufen. Wenn man diese Auszeit für das entsprechende Kind als etwas ausspricht, was ihm helfen soll, wird es nicht unbedingt als Sanktion empfunden. Beispielsatz: „Ich glaube, im Moment ist es etwas schwierig für dich, dich mit deinen Antworten zurückzuhalten. Die anderen Kinder möchten auch mal etwas sagen. Eine kleine Auszeit wird dir guttun." Eine solche Unterbrechung sollte nicht lang sein. Fünf Minuten, manchmal sogar weniger, reichen oft aus, damit der Schüler sich wieder besser kon-

Beispiel für eine Smileytafel									
Ali	☹	😐	😐	☺	☺				
Lena	☺	😐	😐	☹	😐				
Hiba	😐	☹	😐	☺					
Karl	☺	☺	☺	☺	☺	😐	☺		

trollieren kann. Ich habe es zum Teil auch Schülern freigestellt, selbst zu entscheiden, wann sie in den Klassenraum zurückkommen und der Meinung sind, dass es wieder „klappt".

Zusätzliche Bewegungspausen während der Unterrichtszeit

Überschüssiges Adrenalin muss abgebaut werden. Leider wählen Schüler hierfür häufig den Weg über Aggressionen. Dass Bewegungspausen wichtig sind, hat jeder in seiner Lehrerausbildung hinreichend oft gehört. Es ist also eine Selbstverständlichkeit. Bei den zusätzlichen Bewegungspausen geht es mir in erster Linie um die impulsgesteuerten Kinder, die scheinbar einen erhöhten Adrenalinpegel haben. Wenn ich merke, dass diese Kinder unruhiger werden, bekommen sie eine Bewegungsaufgabe, die z. B. darin bestehen kann, eine Runde um den Schulhof zu laufen. Bewegung baut Adrenalin ab.

Smileytafeln

Smileys sind ein sehr beliebtes Mittel, um den Schülern ein Feedback über ihr Sozial- und Arbeitsverhalten zu geben. Inzwischen gibt es auf dem Markt magnetische Smileytafeln, die man für alle Schüler in der Klasse benutzen kann. Diese Tafeln erfreuen sich zunehmend großer Beliebtheit im Grundschulbereich. Wer sich gut verhält und fleißig mitarbeitet, erhält viele Smileys und wer es nicht so gut hinbekommt, erhält eben weniger. Dass dies für schwache Schüler nicht motivierend ist, erklärt sich von selbst. Hinzu kommt, dass durch die Tafel ein Vergleich zu allen Schülern sichtbar hergestellt wird, da diese Tafeln im Klassenraum aufgestellt bzw. aufgehängt werden. Auch aus Datenschutzgründen ist diese Maßnahme mehr als bedenklich.

Eine Beurteilung bzw. Reflexion der Leistungen und des Verhaltens sollte möglichst immer objektiv und neutral erfolgen. Die dargestellten Smileys sind dies aber in keiner Weise. Sie sind Ausdruck von starken Emotionen und überhaupt nicht neutral. Der lachende Smiley steht für Freude. Der Schüler kann sich also über seine Leistungen bzw. über sein Verhalten freuen. Beim weinenden Smiley wird dem Schüler signalisiert, dass er über seine Leistungen traurig sein sollte. Das weinende Gesicht löst bestimmt keine positive Motivation beim Schüler aus, sondern führt eher zu Trauer und Frustration. Die Gesichter könnten auch bedeuten, dass ich mich als Lehrkraft über seine Leistungen freue oder enttäuscht bin. Damit erteilt man eine Beurteilung durch Emotionen, die auf gar keinen Fall in dieser Form gegeben werden sollte.[22]

Verstärkerkarten

Fast alle Schüler wollen, dass die Lehrkräfte mit ihren Leistungen und ihrem Verhalten zufrieden sind. Ich jedenfalls habe keinen Schüler kennengelernt, dem es nicht so ging. Es klappt nur nicht immer bei jedem Schüler, dieses zu erreichen. Statt diese Schüler zu verurteilen, sollten wir uns lieber

[22] Vgl.: Bartnitzky, Jens: Sonne, Wolke oder Blitz. Arbeit mit Verhaltenszielen. www.bartnitzky-burg.de/gsm20160519.pdf. (20.02.2020). S. 23.

überlegen, wie wir sie mehr unterstützen können. Bei einigen helfen sogenannte Verstärkerkarten. Eine Karte mit dem Symbol „melden" wird auf dem Schülertisch platziert und erinnert daran, sich an die Gesprächsregeln zu halten. Bei anderen kann es während der Arbeitsphase die Abbildung einer Uhr sein, um an das Weiterarbeiten zu erinnern oder das Stillezeichen zum leisen Arbeiten. Dies funktioniert leider nicht bei allen Schülern.

Verstärkerkarten sollten nur punktuell eingesetzt werden, da deren Wirkung sich häufig relativ schnell abnutzt. Aber in der ersten Zeit können sie zu einer erhebliche Motivationssteigerung bei den meisten Schülern führen.[23]

Belobigungssysteme

Alle Belobigungssysteme, die Kinder nicht in Konkurrenz zu anderen setzen und wirklich positive Seiten eines Kindes verstarken, sind sinnvoll. Besonders geeignet sind sie für einzelne Schüler mit Problemen im Sozial- oder Arbeitsverhalten. So habe ich für einen Schüler, der sich im Fachunterricht häufig regellos verhielt, ein Belohnungssystem eingeführt. Immer, wenn es gar keine Probleme gab, erhielt er zwei Sterne pro Unterrichtsstunde, wenn es teilweise gelang, einen Stern. Wenn er zehn oder zwanzig Sterne gesammelt hatte, gab es eine Belohnung für die ganze Klasse, z.B. keine Hausaufgaben etc. Dadurch ist natürlich die gesamte Klasse daran interessiert, dass der entsprechende Schüler die Regeln einhält, und erinnert und unterstützt ihn dabei. Er bekommt zusätzlich durch seine Mitschüler Anerkennung, da er für sie Punkte/Sterne sammelt. Kontraproduktiv wirkt das Wegnehmen von bereits erreichten Punkten, wenn sich der Schüler einmal wieder nicht an die Regeln hält. Solche Maßnahmen führen bei dem betroffenen Schüler zu großem Frust und leiten dann meistens eine neue Eskalationsstufe ein. Hier empfiehlt es sich, mit einer anderen Maßnahme zu reagieren. Die Ziele für die Belobigung müssen relativ gut erreichbar sein, damit sich möglichst schnell Erfolgserlebnisse einstellen. Wie bei den Verstärkerkarten ist auch hier die Wirkung zeitlich meistens nach drei bis vier Wochen vorbei. Aber dieses Verfahren bietet für problematische Kinder eine gute Möglichkeit, aus einem evtl. bereits verfestigtem Verhalten herauszukommen.

Gelbe und rote Karten

Gelbe und rote Karten kennen die Kinder aus dem Sport und werden von ihnen daher leichter akzeptiert. Die Lehrkraft übernimmt die Aufgabe des Schiedsrichters, der die Karten verteilt. Natürlich muss klar sein, dass mit dem „Schiri", genauso wie beim Sport, die Entscheidung nicht diskutiert wird. Es gibt beim ersten Fehlverhalten die gelbe Karte. Günstig ist es, die Karte auf dem Schülertisch so zu positionieren, dass sie zur Erinnerung für den Rest der Stunde gut sichtbar ist. Beim zweiten Fehlverhalten folgt die rote Karte, die mit einer sofortigen wirkungsvollen Konsequenz verbunden ist. In schwierigen Klassen ist es aber am besten, ganz ohne Verwarnung zu arbeiten und stattdessen sofort zu reagieren.

Keiner geht mit einem Konflikt in die Pause oder nach Hause

Häufig bekommt man schon während der Unterrichtsstunde mit, dass sich etwas zwischen zwei oder mehreren Schülern anbahnt. Dies kann sich durch entsprechende Blicke, anrempeln, Beschimpfungen oder Drohungen: „Warte bis wir auf dem Schulhof sind!", andeuten. Wenn der sich anbahnende Konflikt nicht angesprochen und geklärt wird, muss man sich nicht wundern, wenn es auf dem Schulhof oder auf dem Nachhauseweg zu einer handfesten Auseinandersetzung kommt. Je länger sich dieser Konflikt schon aufgestaut hat, desto heftiger ist die Konfrontation. Deshalb sollten solche Unstimmigkeiten unbedingt im Vorfeld geklärt werden.

Konfliktklärung nicht vor der Klassentür

In meiner Funktion als Schulleiterin war ich auch Mitglied der Prüfungskommission bei der Lehrerausbildung. Wenn es bei einem Prüfungsthema um die Bearbeitung von Konflikten ging, wurde immer erwähnt, wie wichtig es sei, bei der Klärung

[23] Vgl.: Ebd., S. 24.

von Konflikten mit dem betroffenen Schüler auf den Flur zu gehen. Diese Methode kann vielleicht funktionieren, wenn man nur einen Problemfall in der Klasse hat, aber wer hat das heute noch? Ich kann durch meine langjährige Erfahrung davon nur abraten. Während man mit einem oder zwei Schülern vor der Klassentür ein Klärungsgespräch führt, kommt es in der Klasse bereits zu neuen Querelen. So hat man auf dem Flur ein Problem geklärt und in der Klasse durch Abwesenheit ein neues ermöglicht. Ich habe Schülerkonflikte in der Regel in der Klasse besprochen und oft die Klasse bei der Konfliktlösung beteiligt.

8.3.2 In der Pause

Warnwesten für die Lehrkräfte

Ich denke, an fast allen Schulen hat es schon Beschwerden vonseiten der Schüler oder der Eltern gegeben, dass auf dem Schulhof keine Aufsicht gewesen sei und die Kinder sich bei einem Konfliktfall keine Hilfe holen konnten. Woran lag es? Die aufsichtführenden Lehrkräfte waren sehr wohl auf dem Schulhof, die Kinder haben sie nur nicht gesehen. Durch das Anziehen einer Warnweste kann die Aufsicht schneller gesehen und angesprochen werden

Bewegungsanreize

Wenn Kinder in die Pause gehen, haben sie sich im Unterricht meistens tüchtig angestrengt, sie sind evtl. ausgelaugt und durch das lange Sitzen motorisch unterfordert. Dass Bewegung für den Stressabbau wichtig ist, gehört zu den Binsenweisheiten. Gerade Schüler mit einer geringen Impulskontrolle müssen sich richtig auspowern können, um ihren Adrenalinpegel wieder herunterzufahren So hat eine Schule, weil ihr Schulhof zu klein war, die Pausenzeiten für die verschiedenen Jahrgänge getrennt, um mehr Raum für Bewegung zu schaffen. Sicherlich bedeutet dies eine größere Herausforderung bei der Stundenplanerstellung.

Spaßkämpfe

Kinder, insbesondere Jungen, lieben es, ihre eigenen Kräfte mit anderen zu messen. Die sogenannten Spaßkämpfe erfreuen sich großer Beliebtheit. Es werden im Unterricht Regeln aufgestellt, die bei diesen Kämpfen eingehalten werden sollen. Trotzdem eskalieren diese Spaßkämpfe meistens sehr schnell. Der eine hat dem anderen aus Versehen ein bisschen wehgetan. Der andere reagiert daraufhin auch stärker und aus Spaß wird Ernst. Deshalb habe ich grundsätzlich alle Spaßkämpfe in der Pause untersagt. Spaßkämpfe haben ihren Platz im Sportunterricht, wo die Lehrkraft den Schülern immer unterstützend zur Seite steht.

Die „Kampfhähne" in der Pause

Manche Schüler scheinen einen inneren Magneten zu besitzen. Bekommt man einen verhaltensauffälligen Schüler von einer anderen Schule, so dauert es nicht lange, bis er in der Pause sein passendes Pendant gefunden hat. Und es dauert auch nicht lange, bis beide im Streit aneinandergeraten. Schüler mit niedriger Impulskontrolle benötigen meistens keine lange Vorgeschichte, um aufeinander loszugehen. Als Pausenaufsicht ist man überfordert, bei diesen Schülern ständig neu auftretende Konflikte zu besprechen. Bewährt hat sich meiner Meinung nach, den Schulhof in zwei getrennte Zonen einzuteilen, in denen sich die jeweiligen Schüler nur voneinander getrennt aufhalten dürfen. Dies ist keine wirkliche Lösung des Problems, schafft aber zunächst mehr Ruhe auf dem Schulhof. Andere Maßnahmen zur Verhaltensänderung müssen folgen. Wenn dies auch nicht funktioniert, kann ein Schüler die Auflage bekommen, sich in der Nähe der Aufsicht zu bewegen.

Begleitung in der Pause

Durch die Inklusion sind nun verstärkt Kinder in der Regelschule, die noch nicht ausreichend in der Lage sind, ihr eigenes Verhalten zu steuern. Besonders in den Pausen sind diese Kinder oft in heftige Auseinandersetzungen verwickelt. Wie in der Förderschule für emotionale, soziale Entwicklung benötigen sie eine enge personelle Begleitung. Nach Möglichkeit sollte dies durch eine

Schulbegleitung oder einen Sozialarbeiter geschehen, der sich in der Nähe des Kindes aufhält und bei Bedarf unterstützend eingreifen kann.

Mitschüler als Coach

Bei einer guten Klassengemeinschaft verstehen sich die Schüler untereinander gut und sind bereit, füreinander Verantwortung zu übernehmen und einander zu helfen. Sie kennen gegenseitig ihre Stärken und ihre Schwächen. Es ist ihnen dann auch bekannt, dass z.B. ihr Mitschüler sich schnell provozieren lässt und dann ausrastet oder selbst Provokationen anfängt. Hier können Mitschüler, denen dieses Problem bewusst ist, beruhigend eingreifen. Wie dies im Einzelnen aussehen kann, wird in Gesprächsrunden in der Klasse besprochen. Mehr dazu in Kapitel 13.2: Gesprächsrunden – Coaching.

Pausenkarte

Nicht alle Schüler gehen in der Pause gern nach draußen. Einige bleiben lieber im Klassenraum und beschäftigen sich dort. Für Schulen, die diese Möglichkeit anbieten, ist es wichtig, dafür zu sorgen, dass Schüler mit einem erhöhten Bewegungsdrang oder Provokationspotenzial den Schulhof aufsuchen. Damit die Aufsicht eine Kontrollmöglichkeit hat, wer sich in der Klasse aufhalten darf, haben sich sogenannte Pausenkarten bewährt (siehe Zusatzmaterial). Sie werden von der Klassenlehrkraft an die Schüler ausgegeben, die sich während der Pause im Klassenraum aufhalten dürfen. Verhält sich ein Schüler in der Pause im Klassenraum nicht regelkonform, wird ihm die Karte wieder entzogen.

9 Beschwerdesystem für Schüler

Wer wirklich weniger Streit und Ärger im Unterricht und in der Pause haben will, muss sich kontinuierlich um die Probleme seiner Schüler kümmern. Wenn ich meine Schüler ernst nehme, dann gehören dazu auch ihre Probleme. Eine zurückgewiesene Beschwerde eines Schülers sorgt nicht nur für Frust bei ihm, sondern lässt schnell das Gefühl entstehen: „Meiner Lehrkraft bin ich nicht wichtig, bei anderen Schülern kümmert sie sich." Deshalb sollte jede Beschwerde besprochen werden. Es lässt sich vieles mit ein, zwei Sätzen klären. Konflikte, die nicht geklärt oder besprochen werden, beschäftigen einen Schüler während der Unterrichtszeit, und der Kopf ist nicht frei fürs Lernen. Besonders stark ist dies der Fall, wenn dem Schüler gedroht wurde, dass er in der nächsten Pause oder auf dem Nachhauseweg noch richtig Ärger bekommt. Deshalb erhielten die Schüler bei mir immer die Möglichkeit, vor Unterrichtsbeginn oder nach der Pause mit ihren Sorgen und Problemen zu mir zu kommen. Daraus hat sich dann ein regelrechtes Beschwerdesystem entwickelt.

Zuerst habe ich es nur innerhalb meiner Klasse durchgeführt. Wenn meine Schüler nach der Pause mit einer Beschwerde zu mir kamen, habe ich die beteiligten Schüler vorne in der Klasse zusammengeholt und mit ihnen das Problem geklärt. Da aber auch häufiger Schüler aus anderen Klassen an einem Streit beteiligt waren, habe ich den betroffenen Schüler gebeten, gleich zur anderen Klasse zu gehen und bei der dortigen Lehrkraft die Beschwerde vorzubringen. Er durfte zu seiner Unterstützung einen guten Freund mitnehmen. Ich war überrascht, wie gut dies funktionierte. Bald schickten mir Kollegen aus ihren Klassen auch Schüler mit Beschwerden, wenn meine sie geärgert hatten. Die Schüler wussten nun, wenn ich jemanden aus einer anderen Klasse ärgere, auch wenn die Aufsicht es nicht sieht oder nicht ahndet, hat dies trotzdem noch ein Nachspiel. Die Schüler, die geärgert, getreten, geschlagen usw. werden, erfahren durch dieses Beschwerdesystem eine große Wertschätzung. Sie brauchen sich von ihren Mitschülern nicht alles gefallen lassen, sie können sich wehren, was ihr Gerechtigkeitsgefühl und Selbstvertrauen stärkt.

Wichtiger Hinweis: Fast alle Konflikte, die nicht geklärt werden, setzen sich in der nächsten Pause oder auf dem Nachhauseweg fort und münden häufig in einer neuen Eskalationsstufe.

10 Konsequentes Handeln bei Konflikten

Schulklassen sind unterschiedlich schwer zu unterrichten. Wer kennt es nicht? In einigen Klassen läuft alles wie von selbst und in anderen Klassen kommt man immer wieder in die Situation, Schüler zu reglementieren. Gerade Berufsanfänger können so schnell an die eigenen Grenzen der Handlungsfähigkeit stoßen.

Fallbeispiel zu Kapitel 10

Ein Referendar berichtet in einem Forum für Lehrer Folgendes:

Er unterrichte an einer Schule mit einem schwierigen sozialen Umfeld. Die 4. Klasse, in der er zweimal pro Woche Unterricht erteilt, beschreibt er als prügelbereit und renitent. Die meisten Schüler würden im Unterricht permanent dazwischenreden. Er spricht von mindestens fünf Schülern, die immer wieder keine Hausaufgaben machen oder ihre Sachen nicht dabeihaben. Sie seien es auch, die dann stören. Die Klasse arbeite nur teilweise oder gar nicht im Unterricht mit. Selbst zu Lernspielen müsse er die Schüler nötigen, wo andere Klassen gern mitmachen würden. Das Verhalten der Schüler in der Pause sei ebenfalls problematisch. Zwei bis drei Schüler seien in der Regel in Prügeleien verwickelt. Hin und wieder passiere dies auch im Unterricht. Andere Lehrkräfte sollen ebenfalls Probleme mit der Klasse haben. Seiner Meinung nach komme eigentlich keiner mit den Schülern klar. Auf die Bitte um Hilfe bekam der Referendar mehrere unterstützende Antworten:

Antwort 1

Eine Kollegin schlägt vor, als Erstes die Klasse genau zu beobachten, um die Rädelsführer herauszubekommen. Es seien häufig nur wenige Schüler, denen es gelänge, eine ganze Klasse aufzumischen. Auch an ihrer Schule gäbe es Vergleichbares. Bei diesen Schülern solle man mit Interventionen beginnen. Es müsse versucht werden, die Klasse einzubeziehen. Sie schlägt hierfür die bekannten Belohnungssysteme vor.

Antwort 2

Diese Kollegin empfiehlt, ganz auf Lernspiele zu verzichten. Vielmehr solle man der Klasse kurze Anweisungen wie „sitzen, Klappe halten, abschreiben" geben. Die Schüler, die sich daran nicht halten würden, hätten den Klassenraum zu verlassen und müssten woanders lernen. Sie hätte selbst auch schon einmal eine derartig regellose Klasse gehabt. In dieser Situation erhielt sie für die Unterrichtszeit Unterstützung von einer Sonderschullehrkraft. Zunächst sei nur still gearbeitet worden. Die Schüler erhielten einfache Arbeitsblätter, die keine weiteren Erklärungen benötigten. Die Übung bestand darin, ruhig auf dem Stuhl zu sitzen und Mitschüler nicht zu stören, zu verprügeln oder mit Gegenständen zu bewerfen. Wer diese Regeln nicht einhielt, musste den Raum verlassen, wurde zur Stufenleiterin geschickt und arbeitete dort dann weiter. Außerdem informierte man die Eltern. Die Arbeitsweise mit den Arbeitsblättern wurde über einen längeren Zeitraum fortgesetzt. Nach und nach wurden auch andere Unterrichtsaktivitäten eingebaut. Die Bearbeitung der Aufgaben erfolgte weiterhin in Stille. Es sei sehr mühsam gewesen, das Verhalten der Klasse zu ändern, und habe lange gedauert. Die Kollegin betont die Sinnlosigkeit der Durchführung schöner Unterrichtsaktivitäten, wenn den Schülern dazu noch die Grundlagen fehlen.

Antwort 3
Ein Kollege empfiehlt, nur die Sanktionen auszusprechen, die man umsetzen kann. Die Eltern der entsprechenden Kinder sollten informiert werden. Bei den Gesprächen beginne man am besten zunächst mit dem Positiven und spreche wertschätzend über das Kind. Der Kollege betont die Notwendigkeit, die Eltern zur Unterstützung zu gewinnen. Deshalb solle man auch keine Vorwürfe vorbringen. Wenn allerdings nichts mehr hilft, solle man die Schulleitung einschalten, um einen Elternabend einzuberufen. Mit dem Unterricht solle man erst beginnen, wenn alle auf ihrem Stuhl sitzen, still sind, den Stift aus der Hand gelegt haben und nach vorne schauen. Bei Bedarf sollten einzelne Schüler namentlich aufgerufen werden.

10.1 Wie sollte man vorgehen

Der Kollege in dem Fallbeispiel hat wirklich eine extrem schwierige Klassensituation. Wenn bereits andere Kollegen die Klasse als schwierig empfinden und es sich um eine 4. Klasse handelt, sind die negativen Strukturen innerhalb der Klasse wahrscheinlich schon sehr verfestigt. Die Schüler prügeln sich häufig und das teilweise im Unterricht. Dies zeigt, dass nicht nur der Respekt gegenüber der Lehrkraft fehlt, sondern dass ein positives Miteinander und ein adäquates Konfliktverhalten unter den Schülern nicht entwickelt sind. Wahrscheinlich hat die Klassenlehrkraft selbst Disziplinprobleme in der Klasse und ist überfordert. Ansonsten würden die anderen erfahreneren Kollegen nicht berichten, mit der Klasse nicht zurechtkommen zu können. Als Fachlehrkraft hat man es in solchen Klassen natürlich besonders schwer.

Es geht zunächst nur darum, die Disziplin in der Klasse so weit wiederherzustellen, dass man überhaupt ansatzweise ordnungsgemäß kommunizieren und unterrichten kann. Wenn ein ordnungsgemäßer Unterricht nicht mehr möglich ist, müssen der Klassenlehrer und die Schulleitung informiert werden, damit weitergehende Maßnahmen, wie z.B. die Einladung zu einer Klassenkonferenz mit der evtl. Einleitung von Erziehungs- und Ordnungsmaßnahmen, erfolgen können. Bevor man mit einer Klasse am Sozialverhalten arbeiten kann, muss der geordnete Verlauf einer Unterrichtsstunde möglich sein. Problematisches und grenzwertiges Verhalten sollte man nicht zum Gegenstand eines Elternabends machen. Eltern geben schnell der Lehrkraft die Schuld für das Verhalten der Klasse (kein Durchsetzungsvermögen) oder fangen an, über das Verhalten einzelner Schüler diskutieren zu wollen, was aus Datenschutzgründen nicht erlaubt ist.

1. Zunächst sollte man mit der Klassenlehrkraft über die Situation in der Klasse und über die einzelnen Schüler mit problematischem Verhalten sprechen. Welche Interventionen wurden bereits in der Klasse durchgeführt und was hat Wirkung gezeigt. Auch sollte man besprechen, ob bei der Schulleitung Unterstützung für die Klasse angefordert werden kann, z.B. eine Förderschullehrkraft.
2. Es ist gut, wenn man die Sprachführer eines solchen Konfliktes herausfinden kann. Wenn aber eine Klasse derart aus dem Ruder gelaufen ist, ist dies manchmal kaum noch feststellbar.
3. Die Lehrkraft sollte zu Beginn der Stunde die Ansage machen, dass jeder sich vernünftig hinsetzt, zuhört, die Lehrkraft nicht unterbricht, wenn sie spricht, und den Aufforderungen Folge leistet. Wer sich daran nicht hält, arbeitet in einer anderen Klasse weiter. Wichtig ist: Jede Sanktion, Maßnahme oder Intervention, die angekündigt wird, muss ohne Einschränkung umgesetzt werden. Das hört sich einfach an, scheint aber in der Praxis das Schwierigste zu sein. Aber mit jedem Nachgeben erweitern die Störer wieder ihren Spielraum. Wenn es gleich mehrere Störer in einer Klasse gibt, die man voraussichtlich der Klasse verweisen muss, empfiehlt es sich, vorher Kollegen aus Nachbarklassen anzusprechen, ob sie einen Schüler für

den Rest der Stunde aufnehmen könnten. Auf keinen Fall sollte man zwei Schüler in die gleiche Klasse geben, da die Gefahr besteht, dass diese Schüler ihr Fehlverhalten dort fortsetzen. Auch die Versorgung dieser Schüler mit ausreichenden Arbeitsmaterialien während des Klassenverweises ist wichtig, da diese sonst im Anschluss an die Stunde mit Nichtstun prahlen könnten. Im dargestellten Fall kann ich mir gut vorstellen, dass es fünf bis sechs Schüler sind, die den Klassenraum verlassen müssten. Man sollte dabei auch nicht die Angst haben, es könnte einem als Schwäche ausgelegt werden, wenn man Schüler aus dem Unterricht entfernt. Es ist vielmehr ein Zeichen der Stärke, dass man in der Lage ist, Grenzen zu setzen.

4. Mit den verbleibenden Schülern wird dann versucht, normal zu arbeiten. Wieder gilt: Jeder, der nicht leise arbeitet, wird ohne Verwarnung z.B. weggesetzt. Es sind ja nun genügend freie Plätze vorhanden. Wirkt das nicht, ist auch hier der nächste Schritt ein Verweis aus der Klasse. Zunächst sollten spielerische Aufgaben, Gruppenarbeit etc. noch nicht zum Einsatz kommen. Wenn die Situation so verfahren ist, kann man auf reine Stillarbeit mit Arbeitsblättern zurückgreifen.
5. Nach der Stunde sollten schnellstmöglich mit allen problematischen Schülern Einzelgespräche geführt werden. Wobei man den Schülern verdeutlicht, dass in Zukunft dieses Verhalten nicht mehr toleriert wird. Die Schüler bekommen aufgezeigt, was bei weiterem Fehlverhalten passiert: Erneute Entfernung aus dem Unterricht, Nachricht an Klassenlehrerin und Schulleitung und Eltern, Androhung oder Umsetzung einer Erziehungsmaßnahme, die wirklich schmerzhaft sein sollte: z.B. Ausschluss aus der Fußball-AG, Einberufung einer Klassenkonferenz mit der Möglichkeit eines längeren Unterrichtsausschlusses.
6. Einschaltung der Sozialpädagogin, falls an der Schule vorhanden.
7. Bei der nächsten Unterrichtsstunde wird genauso wie in der vorhergehenden verfahren. Bei Störungen werden die Schüler wieder der Klasse verwiesen oder, wenn zu viel geredet wird, an einen Einzelplatz gesetzt.
8. Bei einer wiederholten starken Störung des Unterrichts sollten die Eltern der betroffenen Schüler zu einem Gespräch eingeladen werden. Am besten zusammen mit der Klassenlehrkraft und der Schulleitung. Je nach der Schwere des Fehlverhaltens könnte eine Erziehungsberatung oder Psychotherapie anzuraten sein.
9. Kommt es zu keiner Verhaltensänderung, ist die Einberufung einer Klassenkonferenz erforderlich, die über weitere Erziehungs- und Ordnungsmaßnahmen berät und entscheidet.

10.1.1 Grundsätzliches

Bei allen Maßnahmen geht es zunächst einmal um die Wiederherstellung der Arbeitsfähigkeit der Klasse. Oft habe ich, wenn es um den Verweis auffälliger Schüler aus dem Klassenraum ging, als Antwort von Kollegen gehört: „Da kann ich gleich die ganze Klasse rausschicken. Da bleibt ja kaum ein Schüler übrig." Auch wenn insgesamt die ganze Klasse bereits auffällig ist und jeder macht, was er will, zeigt z.B. das Entfernen eines Störers aus dem Unterricht schnell seine Wirkung. Die höchste Anzahl an Ausschlüssen in einer Unterrichtsstunde, von denen ich weiß, sind fünf Ausschlüsse. Danach hatten die Schüler den Ernst der Lage verstanden und das Verhalten geändert. Natürlich reicht für eine grundsätzliche Verhaltensänderung nicht eine Stunde aus. Auch in der nächsten und den darauffolgenden Stunden wird es immer wieder Schüler geben, die ihre Grenzen ausprobieren wollen. Es gehört zur Natur der Kinder, alles Unbekannte zu erforschen und gesetzte Grenzen ständig neu auszuloten. Eine nachlassende Konsequenz im Verhalten der Lehrkraft führt deshalb sofort zu einer Erweiterung der Grenzen durch die Schüler. Keine klar erkennbaren Grenzen machen eine Klasse deshalb orientierungslos und führen zwangsläufig ins Chaos.

Es ist wichtig, nur die Konsequenzen anzukündigen, die umgesetzt werden können. Mein Eindruck ist, dass zu oft ermahnt wird. Bereits zu meiner Schulzeit wurde mit einem dreigliedrigen Verwarnungssystem gearbeitet. Störende Schüler wurden namentlich an die Tafel geschrieben. Bei wiederholter Störung bekamen sie einen Strich. Beim dritten Strich erfolgte dann erst eine Konsequenz (meistens Eintragung ins Klassenbuch). Jeder Schüler hatte also drei Chancen, bevor etwas passierte. Dieses Verfahren ist förmlich eine Einladung zum Stören, weil ja zunächst nichts passiert. Genauso verhält es sich mit mündlichen Ermahnungen, die wiederholt ausgesprochen werden und durch fehlende Konsequenz keine Wirkungen zeigen. Außerdem führen die vielen Ermahnungen selbst zu einer Unterrichtstörung, da sie den Unterrichtsprozess immer wieder unterbrechen.

Um nicht ständig ermahnen zu müssen, hat sich der Einsatz von gelben und roten Karten bewährt.

10.2 Schüler weigert sich, den Klassenraum zu verlassen

Was macht man, wenn man die Notbremse gezogen und einen Schüler der Klasse verwiesen hat, dieser sich aber weigert zu gehen und einfach auf seinem Platz sitzen bleibt? Dieses Verhalten kommt gelegentlich vor. Es bedeutet eine weitere Steigerung des Fehlverhaltens des Schülers, da er der Aufforderung der Lehrkraft nicht nachkommt. Häufig kommt von dem Schüler noch der kurze Kommentar: „Nö, mach ich nicht!" Wenn man sich auf diese Möglichkeit nicht eingestellt hat und nicht adäquat reagieren kann, hat man in diesem Moment an Autorität erheblich verloren. In so einer Situation muss unbedingt für die Klasse das deutliche Signal kommen, dass man sich dieses Verhalten nicht gefallen lässt. Zugegeben, hier ist die richtige Reaktion nicht einfach und führt zu Recht schnell zur Verunsicherung des eigenen Verhaltens.

Welche Möglichkeiten der Reaktion habe ich?

1. Nachdem der Schüler sich geweigert hat zu gehen, packe ich seine Sachen, die er für die Weiterarbeit in der anderen Klasse braucht, an seinem Arbeitsplatz zusammen. Diese Reaktion vermittelt dem Schüler zusätzlich, dass mir meine Ansage, der Verweis aus der Klasse, ernst ist. Dann sage ich ihm erneut, dass ich sein Verhalten nicht toleriere und er deshalb für den Rest der Stunde in einer anderen Klasse weiterarbeitet. Weigert er sich immer noch zu gehen, wird ihm eine der in den nächsten Punkten folgenden Maßnahmen angekündigt.
2. Anruf bei den Eltern, mit der Bitte, den Schüler für den Rest des Tages abzuholen. Wirkungsvoll ist es, durch einen Schüler eine schriftliche Nachricht an die Sekretärin zu schicken, damit bei den Eltern sofort angerufen werden kann. Diese Maßnahme muss unbedingt vorher mit der Schulleitung abgesprochen werden. Man kann dem Schüler auch eine kurze Bedenkzeit (ca. fünf Minuten) einräumen und ihn vor die Wahl stellen: Anruf bei den Eltern oder der Gang in eine andere Klasse. Ich nenne das: „Dem Schüler ein Angebot machen, dass er nicht ablehnen kann."
3. Die Schulleitung bitten, in die Klasse zu kommen, die den Schüler dann erneut auffordert, den Klassenraum zu verlassen. Günstig wäre es, wenn die Schulleitung die bereits ausgesprochene Maßnahme verschärft. Damit würde den Schülern signalisiert werden, dass es besser ist, der Aufforderung der Lehrkraft gleich zu folgen. Auf jeden Fall sollte hierbei auch vorher mit der Schulleitung über das gemeinsame Vorgehen gesprochen werden. Leider gibt es Schulleitungen, die ihre Mitarbeiter nicht immer ausreichend unterstützen.
4. Eine andere Variante, die manchmal auch wirkt, ist: Die Lehrkraft geht mit der Klasse in einen anderen Klassenraum und lässt den Schüler in der Klasse zurück. Damit würde die Verweigerung ins Leere laufen. Kommentar an den Schüler: „Wenn du nicht gehst, dann gehen eben wir!" Allerdings bekommt man dadurch ein Aufsichtsproblem und letztendlich ist der Schüler mit seiner Weigerung, die Klasse nicht zu verlassen, durchgekommen und würde sich beim nächsten Mal wahrscheinlich genauso verhalten.

Fallbeispiel zu Kapitel 10.2

Hans, war neu an unsere Schule gekommen und besuchte die 3. Klasse. Der Schulwechsel war erforderlich geworden, da er an der vorhergehenden Schule nur noch durch ausgesprochen renitentes und bockiges Verhalten auffiel. Anweisungen der Lehrkräfte widersetzte er sich, war verstockt und hatte keine Freunde. Die betreuende Förderschullehrkraft hatte den Schulwechsel angeraten, um dem Kind eine neue Chance zu geben, sein Verhalten zu ändern. Die Eltern waren sehr kooperativ und stimmten dem Schulwechsel zu. Vor dem Besuch an unserer Schule gab es ein längeres Gespräch mit Hans, seinen Eltern, der neuen Klassenlehrkraft und mir als Schulleitung. In dem Gespräch wurde Hans Unterstützung zugesagt, ihm aber auch mitgeteilt, welche Konsequenzen erfolgen würden, wenn er sich nicht an die Schulregeln halte. Dabei wurden ihm und seinen Eltern die Möglichkeiten der Erziehungs- und Ordnungsmaßnahmen aufgezeigt.

Hans kam in eine Klasse mit sehr netten und aufgeschlossenen Mitschülern. Die Klassenlehrkraft hatte bereits viel Erfahrung im Umgang mit problematischen Schülern und war durch ihre empathische Art bei allen Schülern an der Schule sehr beliebt. Hans war bewusst, dass der Schulwechsel für ihn eine neue Chance bedeutete, besser mit der Schule zurechtzukommen. Die ersten Unterrichtstage verliefen recht problemlos. Aber nach und nach traten wieder alte Verhaltensprobleme auf. Als die Klassenlehrkraft erkrankte und eine Vertretungslehrkraft den Unterricht übernehmen musste, eskalierte die Situation.

Am Ende der 1. Stunde kam die Vertretungslehrkraft zu mir, da Hans sich weigerte, sich in der Klasse aufzustellen, um in einen Fachraum für den Englischunterricht zu gehen. Ich ging zur Klasse von Hans.

Als ich Hans fragte, warum er sich nicht aufstellen wolle, gab er an, ein anderes Kind habe ihn geärgert. Ich ermahnte das andere Kind, dies in Zukunft zu unterlassen. Anschließend ermunterte ich Hans, in Zukunft immer gleich zu sagen, wenn er geärgert würde, statt nicht mitzumachen. Ich habe Hans dann aufgefordert, sich aufzustellen. Dies tat er aber erst, als ich ihm aufzeigte, was passieren würde, falls er sich weiter weigere (Klassenkonferenz etc.). Er war dann bereit, sich aufzustellen. Hans wirkte während der ganzen Zeit sehr angespannt. Er hatte eine ausgesprochen starre Körperhaltung. Es ging ihm in dieser Situation nicht gut. Wahrscheinlich fühlte er sich wieder als Sündenbock. Eine Erfahrung, die er in der alten Schule gemacht hatte.

Die Vertretungslehrkraft berichtete anschließend, dass Hans sich bereits während der gesamten 1. Stunde regellos verhalten habe. Er sei in der Klasse herumgelaufen, habe dabei wiederholt ein anderes Kind angestupst und Sachen vom Tisch geschmissen. Auf Aufforderungen der Lehrkraft, er möge sich wieder hinsetzen, habe er: „Nö, mach ich nicht!", geantwortet. Auch als sie ihm sagte: „Wenn du damit nicht aufhörst, muss ich deine Eltern anrufen!", habe Hans mit: „Macht nichts!", reagiert.

Ursachenforschung: Was war in der 1. Unterrichtsstunde passiert? Ich führte deshalb mit Hans in der darauffolgenden Pause ein Gespräch. Es stellte sich heraus, dass die Klasse Mathematikunterricht gehabt hatte. Ein Fach, in dem Hans große Probleme hat und viel Unterstützung braucht. Er berichtet, dass er die Aufgaben nicht konnte, sich aber auch keine Hilfe geholt hätte. Als die Vertretungslehrkraft ihn aufforderte weiterzuarbeiten, wäre er aufgestanden und hätte die Sachen von dem anderen Schüler heruntergeschmissen, weil dieser ihn scheinbar ausgelacht habe. Beim Aufstellen in der Klasse hätte ihn ein anderer Schüler geärgert.

Hans bekam die Mitteilung (Feedback), er müsse der Lehrkraft sagen, wenn ihn jemand ärgern würde. Wenn er sich aber weigere, den Aufforderungen der Lehrkraft nachzukommen, könne man dies nicht tolerieren. Da Hans einsichtig war, habe ich von weiteren Erziehungsmaßnahmen abgesehen, obwohl es sich um ein grobes Fehlverhalten handelte. **Wichtig war**, Verständnis für den Schüler zu zeigen und mit ihm zu besprechen, wie er in Zukunft besser damit umgeht, wenn ihn jemand ärgert. Hans musste neu lernen, dass Lehrkräfte nicht gegen ihn sind, sondern ihm helfen wollen. Daher war der Verzicht auf eine Schuldzuweisung und massive Sanktionen eine wichtige vertrauensbildende Maßnahme. Er berichtete, dass er an seiner alten Schule oft gleich die Schuld bekommen habe.

Es kam bei Hans zu immer weniger Arbeitsverweigerungen oder anderen Auffälligkeiten, da dies stets durch ein Gespräch geklärt und abgewendet werden konnte. Durch die Nachfrage: „Warum machst du das?", konnte häufig die Ursache für sein Handeln gefunden und ihm dann Wege aufgezeigt werden, anders mit dem Problem umzugehen. Es kam zu keiner Verurteilung seines Handelns, sondern ihm wurde Hilfe angeboten. Hans fand Freunde in der Klasse, was vorher an der anderen Schule nicht der Fall war, und er ging gern zur Schule. Es kam kaum noch zu Auffälligkeiten. Zusätzlich waren die Eltern bereit, mit dem Kind eine Psychotherapie zur Stärkung seines Selbstbewusstseins zu beginnen. Leider ist die Familie nach gut einem Jahr umgezogen und Hans musste die Schule wechseln. Schon bald zeigten sich bei ihm wieder die alten Verhaltensweisen.

Am Beispiel von Hans zeigt sich deutlich, wie stark wir als Lehrkräfte das Verhalten eines Schülers beeinflussen können. Es gibt immer Beweggründe für auffälliges Verhalten und diese müssen besprochen werden. Nur so wird gegenseitiges Verstehen und Vertrauen aufgebaut. Im dargestellten Fall versteht die Lehrkraft, warum Hans sich verweigert hat, und Hans versteht, dass seine Reaktion in dem Konfliktfall nicht angemessen war und es für sein Verhalten Alternativen gibt.

5. Wenn der Schüler sich nach der zweiten Aufforderung immer noch weigert, die Klasse zu verlassen, nimmt die Lehrkraft den Schüler am Handgelenk und befördert ihn mit entsprechendem Nachdruck aus dem Klassenraum. Dies funktioniert gut bei kleineren Schülern. Wenn man dies bei Viertklässlern versucht, macht man sich eher lächerlich. Bei Erst- oder Zweitklässlern ist diese Maßnahme aber sehr wirkungsvoll. Viele Lehrkräfte haben hier große Bedenken, da es bisher immer hieß, dass dies bereits eine Körperverletzung sei und man Schüler nicht anfassen oder festhalten darf. Natürlich darf man einem Kind keine Schmerzen zufügen, aber wenn ich ein Kind locker am Handgelenk anfasse, kommt es meistens schon fast freiwillig mit. Inzwischen gibt es Gerichtsurteile, die sich zu diesem Vorgehen äußern.

So erläuterte ein Rechtsanwalt in der Berliner Bildungszeitschrift einen Fall, bei dem es um das Anfassen eines Kindes ging, das der Klasse verwiesen wurde.[24] Folgendes hatte sich zugetragen:

Ein elfjähriger Junge störte wiederholt den Unterricht. Daraufhin verwies die Lehrerin den Schüler des Klassenraums. Dieser weigerte sich allerdings, diese Aufforderung zu befolgen. Um den Jungen dazu zu bewegen, den Klassenraum zu verlassen, fasste die Lehrkraft ihn kräftig am Oberarm an. Der Griff war für ihn sehr schmerzhaft und er bekam an der Stelle einen zwei Zentimeter großen Bluterguss. Der Staatsanwalt sah darin eine strafbare Körperverletzung.

Das Amtsgericht teilte diese Auffassung nicht. Es kam zu keiner Anklage, da kein strafbares Verhalten vorlag.

[24] Vgl.: Böhm, Matthias: Was ist Körperverletzung. In: blz – unsere Berliner Bildungszeitschrift. 03/2010. Berlin: GEWIVA GmbH 2010.

Begründet wurde diese Auffassung damit, dass es für die Lehrerin zur Durchsetzung der Ordnungsmaßnahme keine andere Möglichkeit zum Handeln gab, nachdem der Schüler die mehrmalige Aufforderung, den Klassenraum zu verlassen, nicht befolgte. Das Verhalten der Lehrerin sei daher zu rechtfertigen, selbst wenn es, wie in diesem Fall, zu körperlichen Beeinträchtigungen komme. Bei der Erteilung von Sanktionen oder Strafmaßnahmen sei dieses Vorgehen jedoch nicht zulässig. Nur zur Aufrechterhaltung der Ordnung war in diesem Fall das Handeln der Lehrerin alternativlos. Das Amtsgericht schloss die Möglichkeit für Lehrkräfte aus, sich in entsprechenden Situationen Hilfe durch Polizei oder andere Mitarbeiter zu holen. Außerdem bewertete es die Einforderung von Unterstützung durch andere als möglichen Autoritätsverlust in der Klasse.

11 Häufige Konflikte und geeignete Maßnahmen

Warum Schüler auffällig sind, ist oft schwierig zu erkennen. Geht es um reine Provokationen im Unterricht, weil die Lehrkraft zu viel Spielraum lässt, oder handelt es sich um Schüler mit extremen psychosozialen Problemen, deren Ursachen außerhalb der Schule liegen. Man geht z.B. davon aus, dass ca. 3–4 % der Kinder an ADHS leiden – Tendenz steigend. Deshalb ist es immer wichtig, die Ursachen für das Verhalten eines Schülers möglichst genau zu analysieren. Hierzu sollten Gespräche mit den Eltern, dem Kindergarten, dem Hort sowie allen Lehrkräften, die in der Klasse unterrichten, stattfinden. Falls das Kind in Therapie ist, wäre auch ein Gespräch mit den entsprechenden Therapeuten anzuraten. Aus Datenschutzgründen sollte man sich unbedingt vorher eine Schweigepflichtentbindung[25] von den Eltern bzw. sorgeberechtigten Personen geben lassen. Erst nach einer genauen Analyse der Ursachen eines Fehlverhaltens kann man wirkungsvolle Maßnahmen ergreifen. In dem einen Fall können drastische Maßnahmen sehr wirkungsvoll Grenzen aufzeigen, in einem anderen Fall können sie hingegen genau das Gegenteil bewirken und eine neue Eskalationsstufe hervorrufen. Wenn ich viel über meinen Schüler weiß, kann ich gut einschätzen, welche Maßnahmen jeweils am besten geeignet sind, um auf ein mögliches Fehlverhalten zu reagieren. Wer aber glaubt, in allen Problemfällen allein mit entsprechenden Interventionen eine Verhaltensänderung zu erzielen, den muss ich enttäuschen.

In schwierigen Fällen bedarf es einer genauen Ursachenforschung und vieler Konfliktgespräche mit dem Schüler selbst, den Eltern und oftmals auch der Unterstützung durch die Mitschüler. Mehr dazu in Kapitel 13 „Konfliktgespräche – Coaching – Mediation –Feedback – Killerphrasen".

Bemerkungen zu den Maßnahmen

Jeder Schüler ist anders und jeder Schüler reagiert deshalb anders auf evtl. Interventionen bei einem Fehlverhalten. Die im Folgenden vorgestellten Maßnahmen sind deshalb nur als Beispiele zu verstehen. Es versteht sich sicherlich von selbst, dass Schüler der 1. Klasse erst langsam an die Schulregeln herangeführt werden müssen, Gleiches gilt für die Maßnahmen. Bei einer guten Kenntnis der Stärken und Schwächen eines Schülers sollte es in der Regel nicht schwerfallen, passende Erziehungsmaßnahmen zu finden, die den Schüler, falls erforderlich, empfindlich treffen. Bei dem einen hat der Ausschluss von der nächsten Sportstunde eine nachhaltige Wirkung, weil er sich gern bewegt, bei einem anderen bewirkt es genau das Gegenteil. Auch rufen manche Drohungen von Lehrkräften, wie: „Ich werde deine Eltern anrufen!", häufig weiteres Fehlverhalten hervor. Dies gilt besonders, wenn solche Drohungen im Beisein der Klasse ausgesprochen werden. Da kommt dann schon mal vom Schüler die Antwort: „Ist mir doch egal!" Der Schüler kann mit seiner coolen Reaktion sein Gesicht vor der Klasse wahren und die Wirkung der Maßnahme verpufft. Wichtig ist meiner Meinung nach, dass man auf jedes Fehlverhalten schnell reagiert und von Drohungen nach Möglichkeit absieht.

[25] Ein entsprechendes Formular finden Sie in der Anlage.

Grundsätzlich sollte man immer genau überprüfen, wer der Verursacher eines Fehlverhaltens ist. Es gibt kaum etwas Schlimmeres für einen Schüler, als zu Unrecht beschuldigt zu werden. Da geht schnell viel Vertrauensarbeit verloren. In Fällen, in denen der Tathergang nicht genau festzustellen ist, sollte man daher eher auf eine Intervention verzichten.

Sollten die ausgesprochenen Maßnahmen nicht helfen und es kommt zu massiven Unterrichtsstörungen oder Fehlverhalten in der Pause, gibt es die Möglichkeit, in Absprache mit der Schulleitung, den Schüler von den Eltern abholen zu lassen. Anschließende Gespräche mit dem Schüler und den Eltern sind dringend erforderlich, um weitere Schritte zu besprechen.

Unpünktlichkeit

Wer kennt es nicht: Der Unterricht läuft gerade seit ca. fünf bis acht Minuten und ein Schüler kommt verspätet in den Klassenraum. In der Regel kann man davon ausgehen, dass nicht der Schüler daran schuld ist, sondern seine Eltern, die ihn zu spät zur Schule losgeschickt haben. Jedem von uns ist es wahrscheinlich schon einmal passiert, dass der Wecker nicht geklingelt und man verschlafen hat.

Maßnahmen: Hier ist es wichtig, dem Schüler das Gefühl zu geben, dass dies jedem einmal passieren kann und dass sein Zuspätkommen entschuldigt ist. Wenn dieses Problem aber häufiger auftritt, wäre ein Gespräch mit dessen Eltern dringend erforderlich. Dies hilft aber nur bei einem Teil der Schüler bzw. Eltern. Ich selbst appelliere hier meistens an die Schüler selbst, dafür Sorge zu tragen, dass sie rechtzeitig in der Schule sind. Bewährt hat sich in meiner Praxis, dass nach dem dritten Mal des Zuspätkommens eine größere Pause gestrichen und eine „Strafarbeit" in der Zeit absolviert wird. Dieses Verfahren war bei fast allen Schülern erfolgreich.

Zwischenrufe im Unterricht

Bereits in der 1. Klasse lernen die Schüler, sich zu melden und erst zu sprechen, wenn sie dazu aufgefordert werden. Dies erfordert Geduld und eine gewisse Frustrationstoleranz des Schülers, wenn er nicht gleich drankommt. So kommt es immer wieder vor, dass Schüler sich nicht an die Gesprächsregeln halten und unaufgefordert in die Klasse hineinrufen. Häufig reicht dann eine kurze Ermahnung der Lehrkraft und der Schüler hält sich anschließend an die Gesprächsregeln. Es gibt aber Schüler, die immer wieder durch Zwischenrufe den Unterricht stören. Hier ist zu klären, ob dies vorsätzlich geschieht oder ein Problem mit der Impulssteuerung vorliegt. Das bedeutet: Der Schüler kann seine Sprechaktivitäten in dem Moment nicht kontrollieren. Es platzt förmlich aus ihm heraus. Bei diesen Kindern empfiehlt es sich, eine Überprüfung auf ADHS durchführen zu lassen.

Maßnahmen: Bei der ersten Störung bzw. bei dem ersten Zwischenruf wird eine Verwarnung erteilt, mit einem Hinweis auf die Gesprächsregeln. Diese Ermahnung gilt für die ganze Klasse. Gleichzeitig werden Konsequenzen bei einer Wiederholung angedroht. Ich empfehle bei einer Störung in einer ruhigen Arbeitsphase, den Schüler allein an einen Tisch zu setzen. Bei einer wiederholten Störung, die evtl. auch noch provokativ gemeint ist, besucht er für den Rest der Stunde den Unterricht einer Nachbarklasse (Schreibaufgabe wird mitgegeben). An meiner Schule hatten wir Arbeitstische auf dem Flur vor dem Klassenraum, die unter anderem für solche Fälle genutzt wurden. Übrigens nutzten andere Kinder diese Arbeitsplätze auch gern freiwillig, wenn sie ganz ungestört arbeiten wollten. Insbesondere reizoffene und leicht ablenkbare Schüler haben dieses Angebot wahrgenommen. Bei denjenigen, die sich beim Unterrichtsgespräch nicht zurücknehmen können und immer wieder unaufgefordert hineinreden, sodass andere kaum die Möglichkeit haben, in Ruhe über ein gestelltes Problem oder eine Frage nachzudenken, hilft es, wenn sie für eine kurze Zeit auf den Flur vor den Klassenraum gehen. Ist die mündliche Arbeitsphase vorbei, dürfen sie wieder in den Klassenraum zurückkommen. Dauert die mündliche Unterrichtsphase länger, kann man den Schüler schon nach fünf Minuten bitten, wieder hereinzukommen. Gut ist es auch, wenn man ihn dann fragt, ob er meint, die Gesprächsregeln jetzt einhalten zu können.

Nicht die Dauer einer Maßnahme bei einem Regelverstoß ist das Wichtigste, sondern die sofortige Konsequenz. Der Einsatz von den sogenannten gelben und roten Karten kann ebenfalls sehr hilfreich sein.

Hausaufgaben vergessen

Hausaufgaben sollten grundsätzlich jeden Tag kontrolliert werden, um festzustellen, ob sie gemacht und verstanden wurden. Ich muss dabei gestehen, dass ich selbst nie alle Aufgaben auf Richtigkeit überprüft habe. Vielmehr habe ich immer stichpunktartig nachgesehen, ob die entscheidenden Aufgabenstellungen richtig gelöst wurden.

Maßnahmen: Wenn ein Kind erklärt, es habe die Aufgabe nicht richtig verstanden und konnte deshalb die Aufgaben nicht machen, ist dies eine annehmbare Entschuldigung und die Aufgaben können zum nächsten Tag nachgeholt werden. Fehlen sie dann erneut, werden sie in der großen Pause gemacht. Wenn Schüler häufiger die Hausaufgaben nicht machen, sollten die Eltern informiert werden. Zeigt dies keinen Erfolg, wäre die Möglichkeit zu prüfen, ob die Hausaufgaben im Anschluss an den Unterricht in einer anderen Lerngruppe gemacht werden können.

Beleidigungen/Schimpfwörter

Viele Prügeleien auf dem Schulhof und manchmal sogar in der Klasse werden durch Schimpfwörter ausgelöst. Dabei ist das Schimpfwort meistens die Folge einer vorangegangenen Auseinandersetzung. Teilweise wird dadurch die nächste Eskalationsstufe eingeleitet: die Prügelei. Ständig kommen Kinder nach der Pause zu ihrer Lehrkraft, um sich über andere Schüler, die sie mit Schimpfwörtern beleidigt haben, zu beschweren.

Maßnahmen: Alle meine Versuche, die Verwendung von Schimpfwörtern zu unterbinden, sind leider gescheitert. Diejenigen, die beleidigt wurden, möchten sich dies aber nicht gefallen lassen. Ich habe deshalb mit meinen Schülern als Reaktion auf Schimpfwörter vereinbart zu sagen: „Wer es sagt, ist es selbst!", und sich dann umzudrehen und wegzugehen. Durch dieses Verhalten hatten sie ein Mittel zur Verfügung, auf die Beleidigung zu reagieren. Sie waren nicht mehr in der Opferrolle, sondern hatten eine Alternative. Dies hat sich als sehr wirkungsvoll erwiesen.

Klassenclown

Der Klassenclown lebt davon, durch Späße (Grimassen ziehen, nachäffen etc.) im Unterricht die ganze Klasse zum Lachen zu bringen, oftmals auf Kosten der Lehrkraft. Die Lacher bringen ihm scheinbar Anerkennung durch seine Mitschüler. Er steht im Mittelpunkt und genießt diese Situation. Fachlehrkräfte sind besonders häufig Opfer solcher Schüler. Warum machen sie das? Es ist davon auszugehen, dass damit meistens Defizite im Leistungsbereich, die allen Schülern bekannt sind, überspielt werden sollen. Auch ist in der Regel von einem wenig entwickelten Selbstwertgefühl auszugehen. Aber das ist nicht immer die Ursache. Bei durchsetzungsschwachen Lehrkräften übernehmen diese Rolle durchaus auch leistungsstarke Schüler.

Maßnahmen: Der Schüler erhält eine Ermahnung. Bei wiederholter Störung verlässt er den Klassenraum. Manchmal reicht schon eine kurze Auszeit auf dem Flur, um dem Schüler die Grenzen seines Verhaltens aufzuzeigen. Ändert sich das Verhalten nicht, muss der Schüler für den Rest der Stunde in eine andere Klasse gehen. Anschließend sollte mit dem Schüler ein Gespräch stattfinden.

Arbeitsverweigerung

Arbeitsverweigerungen haben häufig mit einer Überforderung des Schülers zu tun. Er möchte sein Nichtkönnen vor der Klasse verbergen und verweigert daher die Leistung.

Maßnahmen: Wenn ein Schüler in der Unterrichtsstunde die Arbeit verweigert, würde ich zunächst meine Hilfe anbieten. Ist er allerdings nicht bereit, diese anzunehmen, verzichte ich auf weitere Interventionen und versuche, das Problem im Anschluss an den Unterricht in einem Gespräch zu klären, sofern keine neuen Störungen auftreten. Damit verhindere ich eine weitere Eskalation der Situation während des Unterrichts.

Schule schwänzen, Schulvermeidungsverhalten

Es beginnt meistens bereits in der Grundschule, dass ein Schüler durch häufige Fehltage auffällt. Dabei handelt es sich dann nicht um eine zusammenhängende Zeit, sondern um viele einzelne Tage. Manchmal ist ein Wochentag besonders häufig betroffen. Fünfzehn Fehltage, ohne dass eine einzelne längere Erkrankung vorliegt, sollte misstrauisch machen. Die Ursachen können sehr unterschiedlich sein: Mobbing, schwache Leistungen, Abneigung gegen eine Lehrkraft, Eltern verschlafen häufiger, Kind muss sich allein für die Schule fertig machen (Eltern schlafen noch oder sind bereits bei der Arbeit).

Maßnahmen: Um mehr über die Ursachen der vielen Fehlzeiten herauszubekommen, haben sich spontane Hausbesuche bei diesen Familien bewährt. Oft traf ich das scheinbar kranke Kind draußen beim Spielen an. In Niedersachsen darf die Schulleitung in besonderen Fällen ein ärztliches Attest für jede Fehlzeit verlangen. Ich habe dies zunächst in einem Schreiben an die Eltern angekündigt und darauf hingewiesen, dass bei einem fehlenden Attest ein Ordnungsgeld verhängt werden kann. Daraufhin gingen die Fehlzeiten bei den entsprechenden Schülern rapide zurück. In einzelnen Fällen kam es zu einer Ordnungsstrafe. So reduzierten sich z.B. bei einem Schüler meiner Schule die Fehlzeiten von 23 Tagen pro Halbjahr auf 3.

Störung des Unterrichts (Geräusche, Klappern mit Gegenständen, Herumlaufen im Klassenraum etc.)

Schüler, die während des Unterrichts Geräusche machen, mit Gegenständen absichtlich laut hantieren oder regellos in der Klasse herumlaufen und dabei Mitschüler ärgern, wollen in der Regel die Lehrkraft provozieren und sich – ähnlich wie beim Klassenclown – damit die Aufmerksamkeit ihrer Mitschüler holen. Wenn dieses Verhalten von den Mitschülern witzig gefunden wird, kommt es zu einer weiteren Verstärkung.

Maßnahmen: Der Schüler erhält eine Ermahnung. Bei wiederholter Störung verlässt er den Klassenraum. Manchmal reicht schon eine kurze Auszeit auf dem Flur, um dem Schüler die Grenzen seines Verhaltens aufzuzeigen. Ändert sich das Verhalten nicht, wäre der nächste Weg, ihn für den Rest der Stunde in eine andere Klasse zu schicken. Ist das Fehlverhalten bei dem Schüler schon sehr verfestigt, sollte man über weiterreichende Maßnahmen, Elterngespräche, Einberufung einer Klassenkonferenz mit evtl. teilweisem Ausschluss (Ordnungsmaßnahme) vom Unterricht nachdenken.

Ärgern in der Pause

Immer wieder kommen Schüler aus der Pause mit der Beschwerde, sie seien von Mitschülern die ganze Zeit geärgert worden. Als Entschuldigung geben die Mitschüler an, sie hätten doch nur Spaß gemacht.

Maßnahmen: Ich gehe davon aus, dass den Kindern die Grenze zwischen Spaß und Ärgern oft nicht bewusst ist. Da reicht es meistens, den Kindern zu verdeutlichen, dass es nur dann Spaß ist, wenn beide Seiten es lustig finden. Sollte trotzdem weiterhin geärgert werden, hilft eine Schreibarbeit während der nächsten Pausenzeit, um dieses Verhalten zu beenden.

Missachtung der Pausenaufsicht

Wer hat es als Aufsicht nicht schon einmal erlebt? Ein Schüler hat in der Pause ein anderes Kind geärgert und wird aufgefordert, zur Pausenaufsicht zu kommen. Der Schüler ist dieser aber nicht namentlich bekannt. Da der Schüler das weiß, reagiert er nicht auf die Aufforderung, sondern läuft weg. Besonders bei einer großen Schülerschaft kommt solch ein Verhalten häufiger vor, wenn man dies auf sich beruhen lässt.

Maßnahmen: Ich frage Schüler, die den Vorfall gesehen haben, nach dem Namen und der Klasse. Daraufhin schreibe ich eine Notiz (Pausenticket, siehe Zusatzmaterial) an die Klassenlehrkraft. Erstrebenswert wäre es dann, wenn der Schüler anschließend von der Klassenlehrkraft zu mir geschickt würde, um sich für sein Verhalten zu entschuldigen. Je nach Schwere der vorhergehenden Verfehlung würde die Klassenlehrkraft eine sinnvolle Erziehungsmaßnahme aussprechen. Wichtig ist, dass der Schüler erfährt, dass alle Lehrkräfte zusammenarbeiten und er sich allen gegenüber respektvoll verhalten muss.

Körperliche Auseinandersetzungen

Prügeleien und das Treten eines Mitschülers sind immer wieder auftretende Auseinandersetzungsformen in den Pausen, denen meistens ein verbaler Streit vorausging. Besonders impulsive Schüler sind häufig an körperlichen Auseinandersetzungen beteiligt.

Maßnahmen: In der Regel lassen sich derartige Zwischenfälle mit den Schülern schnell in einem Gespräch klären. Alternativen zum Verhalten können besprochen werden und meistens geben sich die Schüler daraufhin die Hand und entschuldigen sich. Anders sieht es aus, wenn ein Schüler einen anderen Schüler ständig drangsaliert und körperlich attackiert. In solch einem Fall kann man ein Kontaktverbot mit dem anderen Schüler aussprechen und ihn vorübergehend vom Besuch des Schulhofes ausschließen. Je nach Schwere des Vorfalls kann dies für einen längeren Zeitraum von ein bis zwei Wochen ausgesprochen werden. Eine solche Maßnahme müsste mit der Klassenlehrkraft und der Schulleitung abgesprochen werden. Außerdem sollte eine Information der Eltern erfolgen.

Schlagen in Tabu-Zonen, Werfen von Gegenständen

Stark von „normalen" körperlichen Auseinandersetzungen zu unterscheiden sind jene, die keine Hemmschwelle bei dem agierenden Schüler erkennen lassen. Dazu gehört das Schlagen ins Gesicht, das Werfen mit harten Gegenständen (z.B. Steinen), das Treten in den Bauch oder in den Genitalbereich. Hierbei handelt es sich um gefährliche Tätlichkeiten, denen zum Schutz der anderen Kinder dringend Einhalt geboten werden muss.

Maßnahmen: Wenn Schüler sich bei Auseinandersetzungen nicht unter Kontrolle haben, muss die Maßnahme sehr drastisch sein, damit sie eine nachhaltige Wirkung ausübt. Hierbei reichen ein Gespräch und eine Entschuldigung bei Weitem nicht aus. Wenn ein Schüler zur Gefahr für andere wird, steht zunächst der Schutz der anderen im Vordergrund. Im Allgemeinen ist in solchen Fällen eine Klassenkonferenz mit einer entsprechenden Ordnungsmaßnahme anzuraten. Je nach Schwere der Körperverletzung sollte man auch einen sofortigen Ausschluss vom Unterricht in Betracht ziehen. Gleichzeitig wäre für den Schüler eine Gruppentherapie ratsam. Bewährt hat sich nach meiner Erfahrung ein teilweiser Unterrichtsausschluss. Der Schüler besucht z.B. für die Dauer von ca. drei Wochen die ersten beiden Unterrichtsstunden die Schule und geht anschließend nach Hause. Der Schüler hat so weiterhin den Kontakt zur Schule, bleibt im Lernstoff und erhält für zu Hause Aufgaben zum Weiterarbeiten. Dadurch aber, dass er jeden Tag früher als die anderen Schüler die Schule verlassen muss, verstärkt sich die Wirkung des sozialen Ausschlusses und damit auch die der Maßnahme. Sie ist deshalb in der Regel wirkungsvoller als ein totaler Unterrichtsausschluss.

Erpressung, Drohung und Mobbing

Alle Aktivitäten, die darauf ausgerichtet sind, anderen Mitschülern vorsätzlich massiven Schaden zuzufügen, dürfen niemals toleriert werden. Solche Handlungen zeugen von wenig Empathie den Mitschülern gegenüber. Häufig werden hierfür Außenseiter als Opfer ausgesucht oder es handelt sich um Racheakte für zurückliegende Konflikte. Auf jeden Fall ist eine genaue Ursachenforschung wichtig, um Ansatzpunkte für eine Verhaltensänderung zu finden.

Maßnahmen: Bei derart groben Pflichtverletzungen eines oder mehrerer Schüler muss umgehend die Schulleitung informiert werden, die darüber entscheidet, ob das Fehlverhalten mit einem sofortigen Unterrichtsauschluss geahndet werden soll. Zu einem totalen Unterrichtsausschluss rate ich besonders dann, wenn die geschädigten Schüler Angst vor den Tätern haben. Die Klassenkonferenz hat letztendlich über entsprechende Erziehungs- und Ordnungsmaßnahmen zu entscheiden. Am Ende sollte eine Aussöhnung zwischen Tätern und Opfern stehen. Je älter die Schüler werden, desto schwieriger wird dies allerdings. Umso wichtiger ist es deshalb, jede Form von Erpressung, Drohung oder Mobbing bereits im

Grundschulalter ernst zu nehmen. In besonders schweren Fällen ist es sinnvoll, die Polizei einzuschalten. Auch wenn Schüler noch nicht strafmündig sind, zeigt ein Besuch der Polizei bei der Familie des Täters zusätzliche Wirkung. Häufig nehmen die Eltern erst dann den Vorfall ernst und sind bereit, sich Unterstützung zu holen (Familienberatung, Psycho-Therapie etc.).

12 Elterngespräche

Jede gute Lehrkraft wird die Eltern ihrer Schüler regelmäßig über den Leistungsstand sowie über das Arbeits- und Sozialverhalten informieren. Bei problematischen Schülern ist es aber zusätzlich wichtig, sich über Erziehungsmethoden zu Hause und in der Schule auszutauschen. Eine gute Zusammenarbeit von Elternhaus und Schule erleichtert hier die Arbeit – das ist eine Binsenwahrheit. Leider gehören manchmal zu problematischen Schülern auch problematische Eltern. Da helfen solche Ratschläge, bei Gesprächen zunächst mit dem Positiven zu beginnen, um den Eltern zu zeigen, dass man ihr Kind wertschätzt, nur teilweise. Sobald das Fehlverhalten des Schülers zur Sprache kommt, wird die Richtigkeit der Angaben der Lehrkraft gerne angezweifelt oder es wird behauptet, andere Kinder seien viel schlimmer und da würde gar nichts passieren. Es wird der Lehrkraft unterstellt, gegenüber dem Schüler voreingenommen zu sein. Ich denke, dass Eltern sich leicht persönlich angegriffen fühlen, wenn es um das schwierige Verhalten ihres Kindes geht. Sie nehmen schnell eine abwehrende Haltung ein und versuchen, das Fehlverhalten als nicht so schlimm herunterzuspielen. Das kann so weit gehen, dass die Eltern ihrem Kind signalisieren, die Schule sei im Unrecht. Das Kind fühlt sich in seiner Haltung durch die Eltern unterstützt, die ausgesprochenen Erziehungsmaßnahmen der Schule laufen dann häufig ins Leere und die Auffälligkeiten des Schülers nehmen eher noch zu. Eine Änderung des Verhaltens erfolgt nach meinen Erfahrungen erst, wenn es zu einer drastischen Maßnahme wie Unterrichtsauschluss kommt.

Fallbeispiel zu Kapitel 12

Der Drittklässler Klaus wurde auf seinem Heimweg massiv durch Simon und zwei weitere Schüler bedroht und erpresst, sodass er sich auf seinem Schulweg nicht mehr sicher fühlte.

Trotz gegenseitiger Schuldzuweisungen der Täter und einiger Widersprüche in ihren Angaben blieb übereinstimmend stehen, dass die drei Klaus mit seinem Fahrrad auf dem Heimweg angehalten, festgehalten, bedroht und von ihm Geld verlangt hatten.

Simon hatte dabei Klaus mit seinem Fahrrad den Weg versperrt. Zum Glück konnte Klaus den drei Schülern entkommen und hat zu Hause alles seinen Eltern erzählt, die sich dann mit der Schule in Verbindung setzten.

Daraufhin wurde eine Klassenkonferenz einberufen. Die Eltern von Simon widersprachen auf der Klassenkonferenz den Darstellungen und betonten, ihr Sohn sei nur passiv dabei gewesen. Er habe sich bei Klaus entschuldigt und zu weiteren Einzelheiten wollten sie sich nicht äußern. Beide Elternteile warfen in zunehmend respektloser Form der Schule vor, nur ihrem Sohn die Schuld zu geben. Anhand der Gesprächsprotokolle, in denen Simon selbst zugegeben hatte, auch aktiv am Vorfall beteiligt gewesen zu sein, und der Versicherung an die Eltern, dass auch die anderen beteiligten Schüler belangt würden, verbesserte sich die Haltung bei den Eltern. Simon erhielt einen teilweisen Unterrichtsausschluss für zwei Wochen. Er entschuldigte sich bei Klaus und es kam zu keinen weiteren nennenswerten Vorfällen.

Hierdurch merkt das Kind, dass die Macht der Eltern nicht bis in die Schule reicht und es besser ist, sich an die Regeln zu halten.

Auch kommt es vor, wenn eine Klassenkonferenz bei einem Schüler erforderlich wird, dass die Eltern des betroffenen Schülers angeben, nicht rechtzeitig über dessen problematisches Verhalten informiert worden zu sein. Wenn sie etwas gewusst hätten, hätten sie mit ihrem Kind natürlich darüber geredet und es wäre gar nicht so weit gekommen. Und die Lehrkraft wird als die eigentlich „Schuldige" hingestellt. Deshalb sollte man bei problematischen Schülern alle Vorkommnisse mit Tag, Unterrichtsfach und -stunde protokollieren. Die Benachrichtigungen bzw. Informationen an die Eltern sollten regelmäßig und immer in schriftlicher Form erfolgen, um dies bei entsprechenden Vorwürfen z.B. in einer Klassenkonferenz belegen zu können.

13 Konfliktgespräche – Coaching – Mediation – Feedback – Killerphrasen

13.1 Konfliktgespräche führen

Kinder gehen mit Konflikten sehr unterschiedlich um. Abhängig ist dies von ihrer emotionalen Entwicklung und Empathiefähigkeit sowie von ihrem Temperament. Temperamentvolle Kinder haben es schwerer, mit ihren Emotionen in Konfliktfällen zurechtzukommen. Sie können sich schlechter regulieren und brauchen länger, um entsprechende Regulationskompetenzen zu erlangen. All dies sollte man bei Konfliktgesprächen im Hinterkopf haben. Gefühlsausbrüche bei einem Gespräch zeigen deutlich, dass sich das Kind nicht verstanden oder ungerecht behandelt fühlt, dass es Hilfe braucht. Deshalb ist es wichtig, die Stimmungslage unbedingt zu berücksichtigen.

Fallbeispiele zu Kapitel 13.1

- Lisa wurde in den Pausen von drei Jungen aus ihrer Klasse wiederholt massiv geärgert. Im konkreten Fall kam es außerdem zu heftigen Schlägen und Tritten. Die Aufsicht hatte den Vorfall nicht gesehen und konnte von daher nicht helfend eingreifen. Laut weinend bzw. schreiend lief Lisa am Ende der Pause in die Klasse zu ihrer Klassenlehrkraft. Kaum hatte Lisa angefangen, ihr alles zu erzählen, unterbrach ihre Klassenlehrkraft sie mit den Worten: „Beruhige dich erst einmal, bevor du mir etwas erzählst!" Lisa rastete daraufhin völlig aus, beschimpfte die Lehrkraft als Schlampe usw. und verließ wütend den Klassenraum. Die Mutter von Lisa wurde daraufhin in die Schule bestellt, um mit ihr über das ungehörige Verhalten ihrer Tochter zu sprechen. Die heftige Reaktion von Lisa rührte daher, dass sie sich von der Klassenlehrkraft zurückgesetzt fühlte.
- Nach dem Sportunterricht gab es in der Mädchenumkleidekabine Ärger. Jule vermisste ihr Portemonnaie. Sofort meldete eine Mitschülerin, dass sie gesehen habe, wie Greta das Portemonnaie aus Jules Tasche genommen habe. Es meldeten sich noch drei weitere Kinder, die dies ebenfalls gesehen haben wollten. Greta versicherte aber wiederholt unter Tränen, sie habe die Tasche überhaupt nicht berührt. Daraufhin habe ich in der Tasche von Jule (mit ihrem Einverständnis) einmal genau nachgeschaut und fand dann dort das Portemonnaie, obwohl sich vier Kinder sicher waren, dass Greta es genommen hatte.

Diese Beispiele verdeutlichen, wie wichtig es ist, auf Gefühle einzugehen und sie nicht zu ignorieren. Eine empathische Reaktion von der Lehrkraft hätte Lisa beruhigt und sie hätte sich angenommen gefühlt. Hilfreich wäre eine tröstende Geste mit der Bitte gewesen: „Kannst du mir das noch einmal etwas langsamer erzählen – ich habe dich gar nicht richtig verstanden." Empathie bedeutet hier zu signalisieren: „Ich weiß, dass du dich nicht gut fühlst und ich werde dir helfen."

Zu Beginn eines Konfliktgesprächs sollte man zunächst überlegen, ob man zur Klärung des Vorfalls Einzelgespräche, Gruppengespräche oder ein Gespräch im Klassenplenum führt.

Einzelgespräche

Bei schwerwiegenden Vorfällen ist es günstig, zunächst mit jedem Kontrahenten einzeln zu sprechen. Damit wird vermieden, dass sich die Kinder bei ihren Schilderungen gegenseitig beeinflussen. Sachverhalte können von den Kindern völlig anders darstellt werden, als sie sich wirklich ereignet haben. Gerade bei sehr jungen Kindern wird die Wahrnehmung der Realität stark durch Wunschvorstellungen beeinflusst. Holt man alle Kinder gleichzeitig zu einer Gesprächsrunde zusammen, kommt es schnell zu unterstützenden Beschreibungen zugunsten des Freundes. Es ist den Kindern selbst meistens gar nicht bewusst. Dies sollte man bei gravierenden Vorfällen, die evtl. einen Unterrichtsausschluss zur Folge haben könnten, berücksichtigen. Auch sollten die Gespräche unbedingt protokolliert werden.

Gruppengespräche

Diese Gesprächsform bietet sich an, wenn mit einer einvernehmlichen Lösung des Konflikts zu rechnen ist. Alle Konfliktparteien sind zu gleichen Teilen beteiligt, was auch für evtl. Zeugen des Vorfalls gilt. Die Lehrkraft sollte als Mediator fungieren. Sie versucht, die Ursachen des Konflikts herauszubekommen und im Anschluss mit den Kindern gemeinsam nach Lösungen zu suchen.

Im Allgemeinen kommt es am Ende eines solchen Gesprächs zu einer gegenseitigen Entschuldigung und natürlich wird besprochen, wie man in Zukunft derartige Konflikte vermeiden kann.

Gespräche im Klassenplenum

Bei einer guten Klassengemeinschaft fühlen sich die Schüler mit ihren Mitschülern verbunden und übernehmen Verantwortung füreinander. Eine gute Gemeinschaft entsteht aber nicht im Selbstlauf, sondern muss entwickelt werden. Konfliktgespräche im Klassenplenum sind hierzu hervorragend geeignet. Ein sich entwickelnder Konflikt wird mit allen Schülern besprochen und alle sind an dessen Lösung beteiligt.

Gesprächsregeln bei Konfliktgesprächen

Bei Konfliktgesprächen ist es wichtig, auf eine genaue Einhaltung von Gesprächsregeln zu achten. Eine Nichteinhaltung kann eine Konfliktmoderation stark erschweren oder unmöglich machen. Sie sind den Kindern zu Beginn eines Gesprächs mitzuteilen.

- Jeder darf ausreden.
- Es wird keiner, wenn er spricht, unterbrochen.
- Es wird keiner beschimpft oder angeschrien.
- Jeder, der beschuldigt wird, darf dazu Stellung nehmen.

13.2 Gesprächsrunden – Coaching

Coaching ist ein Begriff, der inzwischen für viele Formen der Beratung verwendet wird. So taucht diese Bezeichnung sowohl in der Berufswelt als auch im Sportbereich häufig auf. Am populärsten ist wohl zurzeit der sogenannte Personal Coach im Fitnessbereich. Der Vorteil vom Coaching gegenüber anderen Beratungsformen besteht darin, dass keine direkten Lösungen vorgegeben werden, sondern diese gemeinsam entwickelt und begleitet werden. Dazu gehören angeleitete Gespräche z.B. über Ursachen und Verlauf von Konflikten sowie über mögliche Verhaltensweisen als Reaktion auf Konflikte. Die üblichen Maßnahmen bei Konflikten im Schulbereich zielen eher darauf ab, durch Intervention ein nicht regelkonformes Verhalten zu unterbinden. Wie Schüler aber zu einer Verhaltensänderung kommen können, dafür finden sie kaum Unterstützung. Die alleinige Formulierung von Verhaltenszielen reichen oftmals nicht aus.

Ich habe die Form des Coachings als ein gut geeignetes Instrument zur Integration schwieriger Schüler in die Klassengemeinschaft und zur Bewältigung schwieriger Verhaltensweisen entdeckt. Dabei fungiert die Klassenlehrkraft als Coach. Es ist davon abzuraten, schwierige Konfliktgespräche

Fallbeispiele zu Kapitel 13.2

An einer Schule, an der ich eine 4. Klasse unterrichtet habe, wurde in der Parallelklasse der Schüler Georg von seinen Mitschülern massiv gemobbt. Das ging so weit, dass er sich aus lauter Angst in den Pausen hinter Bäumen, Büschen oder auf der Toilette versteckte. Interventionen der Klassenlehrkraft änderten leider nichts am Mobbingverhalten gegenüber Georg. Daraufhin wurde beschlossen, ihm durch eine Parallelversetzung in meine Klasse zu helfen. Mit Einverständnis von Georgs Eltern und von Georg selbst habe ich ein Klassenplenum hierzu durchgeführt. Dabei wurden sein Verhalten und das Mobbing besprochen. Es meldeten sich mehrere Schüler, um Georg zu unterstützen. Sie schlugen vor, ihn in der Pause zu begleiten. Da Georg sich sehr einsam fühlte und auch keiner in der alten Klasse neben ihm sitzen wollte, boten sich meine Schüler an, mit ihm zusammen an einem Tisch zu sitzen. Wir sprachen zunächst jeden Tag kurz im Klassenplenum darüber, inwieweit unser Vorgehen funktionierte. So stellte sich schnell heraus, dass Georg für seine Sitznachbarn sehr anstrengend war, da er permanent mit ihnen reden wollte. Er war dann damit einverstanden, an einem Gruppentisch einen Einzelplatz zu bekommen. In den Pausen kümmerten sich seine Mitschüler sehr gut um ihn und es kam zu keinen weiteren Mobbingversuchen aus der Parallelklasse. Georg gewann mehr Selbstvertrauen und lernte, sich wieder frei auf dem Schulhof zu bewegen.

Nina, ein Mädchen aus meiner 3. Klasse, hatte häufig massiven Ärger mit anderen Kindern. Wenn sie in Rage war, schlug und trat sie wild um sich – sie rastete förmlich aus. Immer wieder gab es Beschwerden von Mitschülern oder auch von Schülern aus anderen Klassen. Bei den Konfliktgesprächen stellte sich heraus, dass es häufig mit leichtem Ärgern, meistens nur verbal, anfing und dann in eine körperliche Auseinandersetzung mündete. Im Klassenplenum habe ich das Problem von Nina angesprochen. Die Mitschüler machten mehrere Vorschläge, um das Verhalten von Nina zu ändern, die sich allerdings hauptsächlich im Bereich der Sanktionen bewegten. Ich habe dann vorgeschlagen, dass Nina, wenn sie sich aufregt, erst einmal versuchen sollte, bis zehn zu zählen. Nina war damit einverstanden und wollte es ausprobieren. Zwei Mitschüler wollten sie dabei unterstützen und gegebenenfalls daran erinnern. Bei den folgenden Gesprächen stellte sich heraus, dass diese Methode nicht immer klappte, aber schon häufiger erfolgreich angewandt werden konnte. Die Unterstützung durch ihre Mitschüler war für Nina sehr hilfreich. Außerdem hatte ich die Klasse darum gebeten, Nina nicht unnötig zu provozieren. Dadurch, dass die Klasse wusste, wie schnell Nina erregbar war, waren sie gern bereit, darauf Rücksicht zu nehmen. Am Ende der 4. Klasse hatte sie nur noch selten nennenswerte Konflikte mit anderen Kindern. Außerdem waren die Eltern bereit, eine Gruppentherapie für Nina zu suchen. Nina war aufgrund ihres Verhaltens von ihren Mitschülern häufig abgelehnt worden. Bereits im Kindergarten wurde sie von anderen Kindern nicht zum Geburtstag eingeladen. Dies setzte sich in der Grundschulzeit fort. In der 4. Klasse erhielt Nina zum ersten Mal eine Einladung zu einem Geburtstag. Sie war, wie man sich denken kann, überglücklich.

im Rahmen des Klassenrates unter der Leitung von Schülern zu führen, da Schüler für dieses sensible Thema zu unerfahren sind und dadurch Probleme eher vertieft als gelöst werden. Wenn es uns Lehrkräften schon schwerfällt, mit Schülerkonflikten adäquat umzugehen, wie sollen es dann die Schüler schaffen.

Die meisten Schüler übernehmen gern Verantwortung füreinander und ich habe festgestellt, dass dies auch für schwierige Situationen gilt. Deshalb bezog ich bei einigen Problemen einzelner Schüler die ganze Klasse mit ein. Sie ist die entscheidende Bezugsgruppe für den Schüler und kann im Einzelfall als wichtige Unterstützung fungieren. Wie könnte ein derartiges Coaching aussehen?

- Der Coach (Lehrkraft) spricht das Problem an. (Sitzkreis sinnvoll)
- Der betroffene Schüler schildert aus seiner Sicht sein Verhalten (Selbstreflexion) und äußert meistens den Wunsch, dieses Verhalten zu verändern.
- Dann überlegen die ganze Klasse, der Schüler und der Coach, was man tun könnte, damit das Problem das nächste Mal nicht entsteht.
- Alle Schüler überlegen, wie sie unterstützend helfen können.
- Der Coach fasst die Vorschläge zusammen und vereinbart das weitere Vorgehen.
- Der Coach überprüft die Wirksamkeit der Vereinbarung in sinnvollen Zeitabständen, gibt Hilfestellungen und führt bei Bedarf weitere Gesprächsrunden durch.

Bei solchen Gesprächen steht nicht die Verurteilung des Schülers im Vordergrund, sondern die Hilfe und Unterstützung. Die Klasse wird zur stützenden Sozialgruppe. Besonders wichtig ist, das positive Unterstützungsverhalten der Mitschüler hervorzuheben und zu loben.

13.3 Lehrkraft als Mediator und Coach

Durch Interventionen oder Sanktionen ist man als Lehrkraft in der Lage, den Schülern Grenzen aufzuzeigen. Diese Maßnahmen sind aber bei Schülern mit gravierenden Verhaltensproblemen wenig zielführend, da diese Schüler meistens nicht in der Lage sind, sich selbst angemessen zu regulieren. Sie benötigen deshalb zusätzliche Unterstützung. Eine Möglichkeit bietet die Konfliktmediation und das Coaching.

Bei auftretenden Konflikten spricht die Lehrkraft mit den Kontrahenten und klärt den Anlass und die Ursache der Auseinandersetzung. Sie ist ein neutraler Gesprächsleiter, der weder für die eine noch die andere Seite Partei ergreift. Auch die Verurteilung des geschilderten Verhaltens sollte unterbleiben. Alle Beteiligten müssen die Gelegenheit erhalten, ihre Sicht des Konflikts darzustellen. Stellt sich dann am Ende des Gesprächs heraus, wer welche Anteile an dem Konflikt hatte, wechselt die Lehrkraft ihre neutrale Rolle und es kommt zu einer Beurteilung des Verhaltens. Keinesfalls darf es zu verletzenden Verurteilungen kommen, die zu einer Herabwürdigung der Persönlichkeit führen.

Nach dem Klärungsgespräch können je nach Schwere des Vorfalls angemessene Sanktionen ausgesprochen werden. Wichtig ist, dass sich die beteiligten Kontrahenten durch die Lehrkraft gerecht behandelt fühlen, ansonsten wirken alle ausgesprochenen Maßnahmen eher kontraproduktiv. Meistens enden Konfliktgespräche mit dem Versprechen, sich in Zukunft zu bessern. Es kommt bisweilen vor, dass ein Schüler die Entschuldigung nicht annimmt. Ich frage am Ende eines Konfliktgesprächs immer, ob die Entschuldigung angenommen wird. Bei einer Ablehnung versuche ich nicht, den Geschädigten zu überreden, sie doch anzunehmen, sondern zeige dafür Verständnis. Ich erkläre dem anderen: „Du hast ihn so stark beleidigt (oder verletzt), dass er noch etwas Zeit braucht, dir zu verzeihen. Könnt ihr mir denn versprechen, dass ihr nicht gleich in der nächsten Pause oder auf dem Nachhauseweg wieder aufeinander losgeht?" Das klappt in der Regel. Wenn dieses Versprechen nicht gegeben werden kann, muss abgesichert werden, dass die Kinder sich eine Zeit lang aus dem Weg gehen (z.B. getrennte Schulhofbereiche).

Ich gehe davon aus, dass alle Schüler lieber friedlich miteinander umgehen und unter häufigen Konflikten sehr leiden. Problematische Schüler brauchen deshalb viel Unterstützung, um ihr Verhalten ändern zu können. Eine Möglichkeit dazu bietet das Coaching. Ziel ist es, dass diese Schüler durch Beratung, Besprechen alternativer Verhaltensformen und Feedback in die Lage versetzt werden, sich selbst besser zu organisieren. Im Gespräch mit dem Schüler werden gemeinsam Verhaltensziele entwickelt und besprochen, wie man diese erreichen kann. Es sollten realistische Teilziele sein, die dem Schüler auch Erfolgschancen einräumen.

Mögliche Fragestellungen für Gespräche:

- Was ist passiert?
- Warum hast du das gemacht? Oder: Warum hast du so reagiert?
- War deine Reaktion / dein Verhalten so in Ordnung?
- Möchtest du etwas ändern?
- Was meinst du, wie könntest du das ändern?
- Hast du Freunde, die dir dabei helfen könnten?

In regelmäßigen Feedback-Gesprächen wird besprochen, was geklappt hat und wo nachgebessert werden muss. Die Selbstreflexion des eigenen Verhaltens durch den Schüler spielt dabei eine große Rolle, bildet sie doch die Grundlage für das Erkennen des eigenen Fehlverhaltens und ist zugleich Ausgangspunkt zu einer besseren Selbstkontrolle.

Manchem Schüler fällt es sehr schwer, die gesetzten Verhaltensziele zu erreichen. Darüber sollte man nicht enttäuscht sein und dem Schüler ebenfalls keine Enttäuschung vermitteln („Ich versteh das nicht! Du hattest doch versprochen, das nicht mehr zu tun!"). Besser ist es, mit dem Schüler zu besprechen, warum es nicht geklappt hat, und ihm Hilfen zu geben, damit es das nächste Mal besser läuft.

13.4 Qualifiziertes Feedback

Das regelmäßige Feedback gehört meiner Meinung nach zu den effektivsten Methoden, Verhalten mit den Schülern zu reflektieren und langfristig zu Verhaltensänderungen zu kommen. Bei einem qualifizierten Feedback geht es nicht nur darum, was heute gut oder nicht gut geklappt hat, sondern der Schüler bekommt eine Rückmeldung, **warum** etwas gut oder noch nicht so gut geklappt hat. Gleichzeitig werden mit ihm zusammen Wege entwickelt, wie er das nächste Mal eine schwierige Situation besser meistern kann.

Es bietet sich an, am Ende eines jeden Tages mit besonders problematischen Schülern solche Feedback-Gespräche zu führen. Natürlich können die Gespräche auch nach einzelnen Stunden, die besonders problematisch waren, geführt werden oder, wenn das Verhalten in der Pause das Problem ist, im Anschluss an die jeweilige Pause. Wichtig ist, dass diese Gespräche regelmäßig geführt werden, auch wenn nichts vorgefallen ist. Sie müssen nicht lang sein. So wirkt ein ausschließlich positives Feedback auf den betroffenen Schüler stabilisierend. Alle Feedback-Gespräche sollten eine positive Tendenz haben und sich nicht zu sehr damit beschäftigen, was alles nicht geklappt hat.

Gängige Praxis ist es leider, mit Schülern nur Verhaltensziele zu besprechen. Gerne werden Verträge geschlossen, in denen per Unterschrift versprochen wird, in Zukunft vereinbarte Ziele einzuhalten. Wie der Schüler diese Ziele erreichen soll, bleibt meistens unberücksichtigt. Entscheidend ist aber, zu besprechen, wie er diese Ziele erreichen kann und den Schüler bei der Umsetzung zu begleiten.

13.5 No-Gos bzw. Killerphrasen

Schüler, die häufig in Konflikte verwickelt sind, verfügen meistens über kein besonders großes Selbstvertrauen. Sie fühlen sich schnell angegriffen und reagieren dann oftmals unverhältnismäßig heftig. Deshalb benötigt die Lehrkraft bei der Gesprächsführung in Konfliktfällen viel Feingefühl, damit sich betroffene Schüler nicht in die Ecke gedrängt, sondern angenommen fühlen. Wie bereits erwähnt, spielt das persönliche Verhältnis des Schülers zur Lehrkraft insbesondere in der Grundschule eine große Rolle. Jeder Mensch und natürlich besonders alle Kinder möchten wahrgenommen und wertgeschätzt werden. Alle Bemerkungen, die die Persönlichkeit eines Kindes herabsetzen, sollten deshalb vermieden werden. Als No-Gos oder Killerphrasen bezeichne ich solche Äußerungen, bei denen sich Schüler in ihrer Persönlichkeit angegriffen, gedemütigt, bevormundet oder vorverurteilt fühlen. Hier einige Beispiele:

Fallbeispiel zu Kapitel 13.5

Ein Mädchen (M1) beschwerte sich nach der Pause bei seiner Lehrkraft (L), von einem anderen Mädchen (M2) heftig beleidigt und beschimpft worden zu sein. L fragte M2, ob das stimme. M2 bestätigte dies. Sagte aber noch, dass M1 das auch getan hätte.

L: „Hör auf, dich herauszureden, und entschuldige dich."

M2: „Aber M1 hat doch auch."

L: „So, jetzt entschuldigst du dich."

M2 reichte M1 die Hand: „Entschuldigung."

L: „Sag es bitte noch einmal in einem richtigen Satz: Ich entschuldige mich dafür, dass ..."

M2 wiederholte den Satz und reichte M1 erneut die Hand. Zwei Freundinnen von M2 sagten leise zueinander, dass doch M1 auch was gemacht hätte. Die Lehrkraft ignorierte diese Äußerung oder hatte sie gar nicht mitbekommen. M2 wurde nicht angehört (Vorverurteilung, mangelnde Wertschätzung) und genötigt, sich zu entschuldigen (Demütigung, Bevormundung). Es erübrigt sich eigentlich, noch zu betonen, wie wirkungslos derartige Entschuldigungen sind.

- Du nervst mich schon die ganze Zeit.
- Du hattest mir doch versprochen, dass ...
- Ich bin enttäuscht von dir.
- Das hätte ich von dir nicht erwartet.
- Was soll man von dir auch sonst erwarten.
- Na, das ist ja mal wieder typisch.
- Ich finde, du müsstest darüber traurig sein.
- Ich verstehe das nicht, wir haben schon so oft darüber gesprochen.
- Hör doch auf, du streitest immer alles ab.
- Ja, ja, ich weiß schon, es sind natürlich wieder mal die anderen schuld.
- Dir kann man überhaupt nichts glauben.

Kaum etwas ist schlimmer, als einen Schüler, der ohnehin große Probleme mit sich selbst hat, durch Äußerungen in seiner Persönlichkeit anzugreifen. Sein Verhalten wird sich dadurch eher verschlimmern als verbessern. Ein gutes Feedback greift den Schüler nicht persönlich an und ist auch nicht verletzend.

14 Umgang mit ADHS-Schülern

Mit ADHS wird ein Aufmerksamkeitsdefizit-Hyperaktivitätssyndrom bezeichnet. Dieses Krankheitsbild nimmt stark zu. Es ist davon auszugehen, dass 4–6 % der Kinder und Jugendlichen daran leiden. Die Symptome von ADHS zeigen sich im Bereich der Aufmerksamkeit insbesondere in geringer Konzentrationsfähigkeit, leichter Ablenkbarkeit, keiner Ausdauer, schnellem Abbruch von Arbeiten, Vergesslichkeit und häufigem Nichtzuhören. Eine weitere Seite von ADHS ist die Impulsivität. Sie erkennt man bei den Schülern an geringer Geduld, hineinreden in den Unterricht, nicht abwarten können, niedriger Frustrationsschwelle, schlechter Organisation, sich schnell provoziert fühlen und unverhältnismäßigen Reaktionen. Der dritte Bereich ist die Hyperaktivität. Sie drückt sich bei den Schülern durch Rastlosigkeit, Herumzappeln, andauernde motorische Aktivitäten und Verbreitung ständiger Unruhe aus.[26]

[26] Vgl.: Biegert, Hans: ADHS: Impulsiv und unaufmerksam – Lehrer und Pädagogen ohne Chance? http://www.wuerzburger-fachtagung.de/wp-content/uploads/ADHSBiegert.pdf (20.02.2020). S.1.

Es ist davon auszugehen, dass in jeder Klasse ein bis zwei Kinder unter ADHS leiden. Bei diesen Kindern zeigen Interventionen, wie sie in Kapitel 11 „Häufige Konflikte und geeignete Maßnahmen" vorgeschlagen werden, teilweise nur geringe Wirkung, da diese Kinder ihr Verhalten nur bedingt kontrollieren können. Die Ausprägung von ADHS kann unterschiedlich stark sein. In einigen Fällen helfen konsequente Regeln dem Kind, im Unterricht zurechtzukommen, in anderen Fällen sind Psychotherapie und medikamentöse Unterstützung unabdingbar. Es ist davon auszugehen, dass bis zu 70 % der ADHS-Ausprägungen genetisch bedingt sind und nur bei ca. 30 % die Ursachen in der Sozialisation zu suchen sind. Zu den Sozialisationsfaktoren gehören Elternhaus, Kindergarten, Schule usw. Deshalb wäre es falsch, die Ursachen für die Verhaltensauffälligkeiten allein beim Elternhaus zu vermuten.[27]

Durch den genetischen Defekt kommt es bei ADHS zu einer Verarbeitungsstörung von Dopamin im Gehirn, was zu einer Minderung der Impulskontrolle führt. In schwerwiegenden Fällen ist deshalb meiner Meinung nach neben einer Verhaltenstherapie eine medikamentöse Behandlung dieser Kinder der einzige Weg, damit sie am Schulleben einer Regelschule teilhaben können.

Fallbeispiel zu Kapitel 14

Dennis wiederholte auf Antrag der Eltern das 1. Schuljahr und kam in meine Klasse. In seiner alten Klasse war er bereits durch regelloses Verhalten und viele körperliche Auseinandersetzungen aufgefallen. Die Eltern und die vorherige Klassenlehrkraft versprachen sich für den Schüler durch das Wiederholen eine psychische Entlastung und damit bessere Voraussetzungen für eine Veränderung seines Verhaltens. Aber bereits nach drei Tagen in der neuen Klasse verfiel der Schüler in alte Verhaltensweisen. Bei Unterrichtsgesprächen meldete er sich nicht, sondern platzte mit der Antwort sofort heraus. Wenn er an Kindern vorbeiging, rempelte er sie an. Beim Aufstellen zu zweit drängelte er sich immer nach vorne. Andere Kinder wurden einfach zur Seite geschubst. Nach der Pause kamen immer wieder Berichte von anderen Schülern, er habe sie geschlagen oder getreten. Wenn ich ihn anschließend fragte, warum er es getan habe, zuckte er nur mit den Schultern. Er wusste es selbst nicht. Ich hatte das Gefühl, es passierte einfach mit ihm. Alle Interventionen bewirkten keine Verhaltensänderung. Natürlich führte ich regelmäßig Gespräche mit den Eltern. Sie hatten schon einen Psychologen aufgesucht und eine Therapie begonnen. Aber auch diese zeigte keine Wirkung. Dennis schlug andere Kinder einfach ins Gesicht oder trat ihnen in den Bauch. Er war in der Schule nicht mehr tragbar und wurde von der Klassenkonferenz durch eine Ordnungsmaßnahme vom Unterricht ausgeschlossen. Die Eltern wollten unbedingt, dass Dennis weiterhin die Regelschule besucht und baten den behandelnden Psychologen, ihm Ritalin zu verschreiben. Das Verhalten von Dennis veränderte sich mit der Medikamentierung schlagartig. Auch seine Leistungen verbesserten sich. Begleitet wurde diese Maßnahme durch eine Gruppentherapie. Es kam zu keinen weiteren Unterrichtsausschlüssen. Natürlich waren damit nicht alle Probleme gelöst – aber er war wieder beschulbar und die anderen Schüler mussten keine Angst mehr vor ihm haben.

Es ist nicht immer einfach zu akzeptieren, dass ADHS-Schüler ihr Verhalten nur wenig steuern können. Sie verlangen uns oftmals viel Geduld ab. Ich bin aber der Meinung, dass Medikamente nur gegeben werden sollten, wenn es keine andere Lösung gibt.

[27] Vgl.: Ebd., S. 5.

Einige Regeln, die für den Umgang mit ADHS-Schülern bzw. reizoffenen Schülern hilfreich sein können:

1. Sitzplatz des Schülers
Die Tische und Stühle sind im Klassenraum so angeordnet, dass der Schüler nicht durch vorbeigehende Mitschüler gestört wird. Die Möglichkeit des Blickkontakts zu anderen problematischen Schülern sollte nicht direkt erfolgen können. Der Schüler sitzt am besten in der Nähe des Lehrerpults. Dadurch kann er schneller ans Weiterarbeiten oder ans Ruhigsein erinnert werden. Als Nachbarn kommen vorrangig ruhige Schüler infrage. Durchgänge sind ungeeignet und bieten zu viel Ablenkung.[28]

2. Verbesserung der Arbeit im Unterricht
Bei Aufgabenstellungen stellt man sich in die Nähe des Schülers und wiederholt für ihn noch einmal den Arbeitsauftrag. Außerdem wird mit ihm besprochen, wie viel er in der Unterrichtsstunde schaffen will/soll bzw. kann. Die Arbeitsanweisungen sollten kurz und einfach sein. Es empfiehlt sich nachzufragen, ob die Aufgabenstellung verstanden wurde. Durch Blickkontakt, visuelle Symbole oder zwischenzeitliches Lob kann der Schüler zur Weiterarbeit ermuntert werden. Größere Aufgaben können in kleinere Teilaufgaben zergliedert werden, damit der Schüler mit der Erledigung einer Aufgabe schneller ein Erfolgserlebnis bekommt.[29]

In Unterrichtsgesprächen habe ich mich oft neben besonders impulsive Schüler gesetzt. Dadurch konnten sie sich besser regulieren. Oder ich habe mich hinter einen unruhigen Schüler gestellt und bei Bedarf kurz die Hand auf seine Schulter gelegt. Auch dies führte zu einer besseren Impulskontrolle. Sehr wirkungsvoll sind kurze individuelle Bewegungspausen (z.B. eine Runde um den Schulhof laufen), um den Schüler wieder zu mehr Ruhe finden zu lassen. In Arbeitsphasen sind ADHS-Kinder oft durch ihre Mitschüler abgelenkt, da sie auf jedes Geräusch reagieren. In solchen Situationen haben sich Kopfhörer bewährt, wie sie im Werkunterricht verwandt werden. Ich habe die Erfahrung gemacht, dass sie dann wesentlich konzentrierter arbeiten und zusätzlich mehr schaffen. Auch andere Kinder fingen an, sich Kopfhörer aufzusetzen, um ungestört arbeiten zu können. Außerdem hat sich der Einsatz von Timer-Uhren bewährt. Sie geben dem Kind einen Zeitrahmen vor, bis wann eine Aufgabe erledigt werden soll. Je nach Konzentrationsfähigkeit des Schülers kann die Zeitdauer individuell festgelegt werden.

3. Organisation im Unterricht
Es gibt nur solche Klassenregeln, die konsequent eingehalten werden können. Diese werden gut sichtbar im Klassenraum aufgehängt. Die Hefte und Mappen für die verschiedenen Unterrichtsfächer bekommen farblich unterschiedliche Umschläge. Kleine Stellwände auf dem Tisch dienen als Sichtschutz, verhindern mögliche Ablenkungen durch andere Schüler und können bei Bedarf gut auf- und abgebaut werden. Die Arbeitsphasen sollten der Konzentrationsfähigkeit angepasst sein. Eine Unterbrechung durch eine motorische Aktivität wirkt sich oft positiv aus. Ein abwechslungsreicher Unterricht erhöht die Aufmerksamkeit und Leistungsfähigkeit von ADHS-Schülern.

15 Konflikttraining

Inzwischen gibt es viele verschiedene Modelle zur Ausbildung von Streitschlichtern an Schulen. Ich selbst habe keine Erfahrung mit dem Einsatz von Streitschlichtern in Pausen gemacht und kann daher über die Wirksamkeit wenig sagen. Ich denke, dass Streitschlichter bei einfachen Auseinandersetzungen sicherlich hilfreich vermitteln können. Wenn es aber um wirkliche Konflikte geht (siehe Kapitel 2 „Konfliktarten"), sehe ich die Gefahr, dass dieser Konflikt nicht gelöst, sondern an anderer Stelle, z.B. auf dem Nachhauseweg, ausgetragen wird. Auf dem Schulhof gibt es dann scheinbar weniger Konflikte. Aber sie werden nur an einem

[28] Vgl.: Pliszka, Steven R.; Carlson, Caryn L.; Swanson, James M.: ADHD with comorbid disorders. New York: Guilford Publications 1999.

[29] Vgl.: Ebd.

anderen Ort ausgetragen. Zudem werden Streitschlichter im Grundschulbereich vielfach Partei für ihre Freunde ergreifen. Wie sollen Schüler einen Streit schlichten, wenn wir selbst als Lehrkräfte dies manchmal kaum schaffen? Sinnvoll finde ich bei den angebotenen Materialien aber die Unterrichtseinheiten zum Streittraining, die für Klassen angeboten werden. Darin erfahren oder lernen die Kinder Handlungsalternativen, um Provokationen oder Beleidigungen aus dem Weg gehen und Gewalt zu vermeiden. Zu nennen wären z.B.: „Lubo aus dem All"[30] (teuer) oder „Das Streitschlichterprogramm"[31] (Taschenbuch). Auch im Internet lassen sich inzwischen mehrere gute und sogar kostenlose Unterrichtseinheiten zu diesem Thema finden.

16 Unterstützungsmöglichkeiten

Kollegen: Viele Probleme im Umgang mit schwierigen Schülern lassen sich besser lösen, wenn man sich mit jemandem austauscht. Zunächst wären das die Kollegen, die das bestreffende Kind auch unterrichten. Ein Austausch über die Erfahrungen im Umgang mit dem Kind und die Absprachen über das weitere Vorgehen können sehr hilfreich sein. Dabei sollte es nicht nur um Absprachen von Interventionen gehen, sondern in erster Linie um Wege, wie man das Verhalten positiv beeinflussen kann (siehe Kapitel 13.4 „Qualifiziertes Feedback").

Förderschullehrkraft: Neben der Beratung mit Kollegen kann die Unterstützung durch eine Förderschullehrkraft mit dem Schwerpunkt emotionale soziale Entwicklung sehr hilfreich sein. In Niedersachsen gibt es die Möglichkeit, durch den sogenannten Mobilen Dienst, der beim Förderzentrum angesiedelt ist, um Unterstützung für einen Schüler anzufragen. Die Förderschullehrkraft besucht dann den Schüler mehrmals im Unterricht. In gemeinsamen Reflexionsgesprächen erhält man Hinweise und Anregungen, wie man mit auftretenden Problemen in Zukunft besser umgehen kann. Die Förderschullehrkraft nimmt auch Kontakt zu den Eltern auf, um sich ebenfalls mit ihnen zu beraten. Bei Bedarf wird zusätzlich ein sonderpädagogisches Gutachten erstellt.

Eltern: Es ist immer gut, den Kontakt zu den Eltern zu pflegen. Bei problematischen Schülern sollte dieser besonders intensiv sein. Empfehlenswert sind Treffen in relativ kurzen Abständen, z.B. wöchentlich, je nach Schwere des Problems. Bei den Gesprächen werden die Vorkommnisse der letzten Zeit besprochen. Dabei sollten unbedingt auch positive Entwicklungen hervorgehoben werden. Entscheidend ist, dass ein Dialog zwischen Eltern und Lehrkraft entsteht und vonseiten der Schule nicht nur ein Vortrag über das negative Verhalten des Kindes gehalten wird. Zudem müssen Absprachen dazu getroffen werden, wie man sich in bestimmten Situationen verhalten und das Kind unterstützen kann. Auch hierbei geht es darum, nicht zu verurteilen, sondern gemeinsam einen Weg zur Lösung des Problems suchen.

Schulleitung: In allen Fällen, wo Schüler den Unterrichtsablauf wiederholt massiv stören, andere Kinder bedrohen oder ihnen Angst machen, sollte umgehend die Schulleitung informiert und mit ihr besprochen werden, welche weiteren Schritte zu ergreifen sind. Ich habe immer wieder erlebt, dass Kollegen versuchten, ihre Probleme mit einzelnen Schülern allein zu bewältigen, da sie der Meinung waren, es könnte ihnen als Schwäche ausgelegt werden. Dabei ist es eine Stärke, über Probleme sprechen zu können. Manchmal hilft es schon, wenn die Schulleitung mit einem Schüler über die Vorkommnisse spricht, damit er sich in der nächsten Stunde wieder an die Regeln hält. Zudem kann die Schulleitung unterstützen, wenn es um den zusätzlichen Einsatz einer Förderschullehrkraft oder die Einschaltung des Jugendamtes geht. In gravierenden Problemfällen wird die Schulleitung eine Klassenkonferenz einberufen, um über weitergehende Erziehungs- und Ordnungsmaßnah-

[30] Hillenbrand, Clemens; Hennemann, Thomas: Lubo aus dem All! München: Ernst Reinhardt Verlag 2018.

[31] Jefferys-Duden, Karin: Das Streitschlichterprogramm. Mediatorenausbildung für Schüler/innen der Klassen 3 bis 6. Weinheim: Verlagsgruppe Beltz 2002.

men zu beraten. Es ist immer besser, die Schulleitung selbst über Probleme zu informieren, als wenn sie durch Beschwerden aus der Elternschaft davon erfährt.

Beratungsstellen: Es gibt viele verschiedene Beratungsstellen, die von Eltern oder Lehrkräften kostenlos aufgesucht werden können. Am häufigsten bieten sich die Familienberatungsstellen an. Ich habe die Erfahrung gemacht, dass Eltern sich manchmal brüskiert zeigen, wenn man ihnen den Besuch einer Beratungsstelle vorschlägt. Sie fühlen sich in ihrem Erziehungsverhalten kritisiert. „Glauben Sie etwa, ich kann mein Kind nicht erziehen?", kommt dann als Antwort. Deshalb sollte man mit dem Vorschlag sensibel umgehen. Erst wenn die Eltern äußern, dass sie selbst nicht mehr wissen, was sie tun sollen und sie auch zu Hause Probleme mit ihrem Kind haben, empfehle ich den Eltern den Besuch einer Beratungsstelle.

Psychologen: Wenn alle Versuche, die man als Schule unternommen hat, keine Verbesserung im Verhalten des Schülers bewirken, wäre es sinnvoll, den Eltern einen Besuch beim Psychologen anzuraten. Auch hier gilt es, genauso wie bei den Beratungsstellen, mit dem Vorschlag sensibel umzugehen. Oft müssen Eltern lange auf einen Termin beim Psychologen warten. In manchen Fällen hilft ein Begleitschreiben der Schule, in dem auf die Dringlichkeit hingewiesen wird. Meine Erfahrungen zeigen, dass meistens eine Einzeltherapie durchgeführt wird. Meiner Meinung nach wäre aber gerade bei Kindern, die sich selbst schlecht regulieren können und ständig Konflikte mit anderen Kindern haben, eine Gruppentherapie sinnvoller. Denn hier kann ein besserer Umgang mit anderen Kindern erlernt werden. Daher habe ich im Allgemeinen den Eltern den Rat gegeben, nach einer Gruppentherapie zu fragen.

Schulbegleitung, Schulassistenz, Integrationshelfer: Drei Bezeichnungen, die alle dasselbe bedeuten. Je nach Bundesland variieren sie. Im Rahmen der Inklusion sind schon viele Schulbegleitungen an den Schulen. Den meisten von uns sind sie bekannt, wenn es um die Integration von körperlich oder geistig behinderten Kindern geht. In diesen Fällen können die Eltern eine Schulbegleitung beim Sozialamt beantragen. Das Sozialamt stellt dann, nach einer Prüfung des Bedarfs, Stunden für das Kind zur Verfügung. Weniger bekannt ist, dass es auch für Kinder mit Problemen im emotional-sozialen Bereich einen Anspruch auf eine Schulbegleitung gibt, wenn die Integration in den Schulalltag gefährdet ist. Der Antrag hierfür muss von den Eltern nicht beim Sozialamt, sondern beim Jugendamt eingereicht werden. Es ist im Allgemeinen ratsam, die Eltern bei der Antragstellung zu unterstützen. Wenn es eine Schulsozialarbeiterin an der Schule gibt, könnte man sie bitten, diese Aufgabe zu übernehmen. Aus meinen Erfahrungen kann ich sagen, dass es teilweise nicht einfach ist, Stunden bewilligt zu bekommen. Häufig wird zunächst ein Gutachten von einem Psychologen verlangt. Hier einen Termin zu bekommen, kann dauern. Die anschließende Bearbeitung beim Jugendamt kann sich ebenfalls über einen längeren Zeitraum hinziehen. Helfen kann manchmal, wenn die Schulleitung nachfragt, wann mit einer Antwort zu rechnen ist. Hierfür benötigt man natürlich wieder die Schweigepflichtentbindung (siehe Zusatzmaterial). Manchen Schulen wird auch ein Pool an Stunden für die Schulbegleitung zugeteilt. Dann kann man sich den Aufwand mit der Beantragung ersparen.

Zum Einsatz der Schulbegleitung: Die Schulbegleitung ist offiziell nur für das Kind zuständig, für das sie beauftragt wurde. Da aber eine enge Eins-zu-eins-Betreuung das Kind in eine starke Sonderrolle drängt, ist zu überlegen, die Schulbegleitung insgesamt an Aufgaben in der Klasse zu beteiligen. Ich denke, es ist im Sinne der Integration wichtig, dass die Mitschüler nicht den Eindruck bekommen, die Schulbegleitung sei nur für den einen Schüler zuständig. Neben dem Einsatz im Unterricht kann sie auch in den Pausen das Kind begleiten und bei auftretenden Konflikten rechtzeitig vermitteln.

17 Abschließende Bemerkungen

Bei allen Problemen, die heutzutage im Schulalltag auftreten, steht und fällt deren Bewältigung mit der Persönlichkeit der Lehrkraft.

Wenn ein Kollegium zerstritten ist, einzelne Lehrkräfte ausgegrenzt werden oder über sie hergezogen wird, wie will man dann den Schülern vermitteln, nett und empathisch miteinander umzugehen. Als Schulleiterin war ich auch bei mehreren Lehramtsprüfungen Mitglied der Prüfungskommission. Meiner Meinung nach spielt bei der Beurteilung des Unterrichts die empathische Lehrerpersönlichkeit im Verhältnis zur perfekt dargebotenen Unterrichtsstunde eine zu geringe Rolle.

Ich hoffe, ich konnte mit meinen Beiträgen Ihren Fokus stärker auf den Aspekt der Empathie lenken, denn unser Verhalten als Lehrkräfte ist entscheidend für das Klassenklima und das Verhalten der Schüler untereinander. Wer das berücksichtigt und empathisch mit seinen Schülern umgeht, hat es wesentlich leichter im Unterricht.

Ich wurde schon gefragt, wie man es schafft, wirklich alle Schüler zu mögen, selbst die, die einem das Leben schwer machen. Ich glaube, man schafft es dadurch, dass man schwierige Kinder als pädagogische Herausforderung sieht, d.h., wenn ich Wege zu einer Verhaltensveränderung bei einem Kind finde, fühle ich mich in meiner pädagogischen Kompetenz bestätigt und freue mich mit dem Kind gemeinsam über die erreichten Erfolge, da sie ja auch meine Erfolge sind.

Das Geheimnis für erfolgreiche Konfliktbewältigung lautet: Empathie und konsequentes Handeln.

Literaturverzeichnis

Bartnitzky, Jens: Sonne, Wolke oder Blitz. Arbeit mit Verhaltenszielen. www.bartnitzky-burg.de/gsm20160519.pdf. (20.02.2020)

Biegert, Hans: ADHS: Impulsiv und unaufmerksam – Lehrer und Pädagogen ohne Chance? http://www.wuerzburger-fachtagung.de/wp-content/uploads/ADHSBiegert.pdf (20.02.2020)

Biegert, Hans: Gehören AD(H)S-Kinder in die Sonderschule? Bedeutet der Anspruch auf besondere sonderpädagogische Förderung bei AD(H)S (oder anderen psychischen Störungsbildern) a priori sonderpädagogische Förderung? Unveröffentlichte Schrift der Hebo Privatschule. Bonn-Bad Godesberg 2008

Böhm, Matthias: Was ist Körperverletzung. In: blz – unsere Berliner Bildungszeitschrift. 03/2010. Berlin: GEWIVA GmbH 2010

Cave, Ridell: Irgendwie Anders. Hamburg: Oetinger Verlag 2010

Drösser, Christoph: Verlotterte Jugend. In: DIE ZEIT 07.04.2004 Nr.16

Ernsten, Svenja: Religionsprojekt zu: Der Seelenvogel. Kempen: BVK Buch Verlag Kempen GmbH 2016

Fehlau, Eberhard G.: Konflikte im Beruf. Erkennen, lösen, vorbeugen. Freiburg: Haufe Lexware 2000

Giesen, Birgit: Literaturprojekt Irgendwie Anders. 2. und 3. Klasse GS und So-Schule. Kempen: BVK Buch Verlag Kempen GmbH 2015

Hattie, John: Lernen sichtbar machen. Überarbeitete deutschsprachige Ausgabe von „Visible Learning" besorgt von Wolfgang Beywl und Klaus Zierer. Baltmannsweiler: Schneider Verlag 2013

Hattie, John: Lernen sichtbar machen für Lehrpersonen. Überarbeitete deutschsprachige Ausgabe von „Visible Learning for Teachers" besorgt von Wolfgang Beywl und Klaus Zierer. Baltmannsweiler: Schneider Verlag 2014

Herzlieb, Heinz-Jürgen: Konflikte lösen. Konfliktpotenziale erkennen – in Konfliktsituationen souverän agieren. Berlin: Cornelsen 2004

Hillenbrand, Clemens; Hennemann, Thomas: Lubo aus dem All! 4. überarbeitete Auflage. München: Ernst Reinhardt Verlag 2018

Jefferys-Duden, Karin: Das Streitschlichterprogramm. Mediatorenausbildung für Schüler/innen der Klassen 3 bis 6. Weinheim: Verlagsgruppe Beltz 2002

Knauf, Tassilo: Einführung in die Grundschuldidaktik. Lernen, Entwicklungsförderung und Erfahrungswelten in der Primarstufe. 2. überarbeitete Auflage. Stuttgart: W Kohlhammer GmbH 2009

König, Oliver: Macht in Gruppen. Gruppendynamische Prozesse und Interventionen. Reihe: Leben und Lernen. 2. Auflage. München: Klett-Cotta 1998

Kreyenberg, Jutta: Handbuch Konfliktmanagement. Konfliktdiagnose, -definition und -analyse. Konfliktebenen, Konflikt- und Führungsstile, Interventions- und Lösungsstrategien, Beherrschung der Folgen. Berlin: Cornelsen 2004

Motamedi, Susanne: Konfliktmanagement. Vom Konfliktvermeider zum Konfliktmanager. Grundlagen, Techniken, Lösungswege. 2. Auflage. Offenbach: Gabal Verlag 1999

Niermeyer, Rainer: Coaching. Sich und andere zum Erfolg führen. 3. überarbeitete Auflage. Freiburg: 2003

Pliszka, Steven R., Carlson, Caryn L., Swanson, James M.: ADHD with comorbid disorders. New York: Guilford Publications 1999.

Pfister, Marcus: Der Regenbogenfisch, Zürich: NordSüd Verlag 1992.

Snunit, Michal: Der Seelenvogel. Hamburg: Carlsen Verlag 2018

Tausch, Reinhard: Achtung Einfühlung. Kompass für didaktische und erzieherische Handlungen von Lehrern und Erziehern. In: Person und Beziehung in Schule und Unterricht. Ein Beitrag des Personenzentrierten Ansatzes zur Professionalisierung des Lernens in der Schule. Hrsg. von Bender, Beate; Fleischer, Thomas; Mersmann, Birke. Köln: Gesellschaft f. wiss. Gesprächspsychotherapie

Schulordnung[32]

Wir wollen uns in unserer Schule wohlfühlen, in Ruhe lernen und Spaß miteinander haben.

Das gelingt aber nur, wenn wir freundlich und rücksichtsvoll miteinander umgehen.

Allgemeine Schulregeln

1. Ich verhalte mich den anderen Kindern gegenüber nett und hilfsbereit. ☆
2. Ich schlage niemanden oder tue ihm auf irgendeine Art weh. ☆
3. Ich beleidige oder provoziere niemanden mit Schimpfwörtern. ☆
4. Ich mache nichts in der Schule kaputt. ☆
5. Im Schulgebäude spiele ich nicht mit dem Ball. ☆
6. Ich bringe keine Gegenstände mit, die andere gefährden. ☆
7. Wenn ich während der Unterrichtszeit über den Flur gehe, bin ich ganz leise. ☆

Pausenregeln

1. In der Pause gehe ich nach draußen. ☆
2. Ich störe andere Kinder nicht beim Spielen. ☆
3. Ich haue und werfe nicht mit Gegenständen, wie z.B. Steinen, Stöcken oder Sand. Im Winter werfe ich nicht mit Schnee- oder Eisbällen. ☆
4. Ich beschädige keine Pflanzen und reiße keine Äste ab. ☆
5. Ich spiele nicht in den Toilettenräumen und hinterlasse sie ordentlich. ☆
6. Am Ende der Pause gehe ich schnell zurück in die Klasse. ☆
7. Wenn Regenpause ist, bleibe ich im Klassenraum und spiele ruhig. ☆

[32] Die Schulordnung wurde gemeinsam mit allen Schülern der Grundschule Feldbreite entwickelt.

Klassenregeln[33]

Nicht rennen

Leise arbeiten

Nicht kippeln

Nicht schreien

Zuhören

Sich melden

Andere ausreden lassen

Anderen helfen

Sorgfältig mit Sachen umgehen

[33] Die Klassenregeln wurden gemeinsam mit einer 2. Klasse entwickelt.

Streit / Beschwerde-Zettel

Ich bin: ○ Geschädigter ○ Verursacher ○ Zeuge

Name: ______________________ Klasse: ______________________

Der Vorfall war am: ____________ Uhrzeit: ____________ Wochentag: ____________

in der Pause ○

im Unterricht ○

Lehrkraft: ____

Was ist passiert? (Schreibe bitte alles von Anfang an auf! Wer hat was getan?)

____

____

____

____

____

____

____

Wer ist der Verursacher? ______________________________

Wer ist der Geschädigte? ______________________________

Gibt es Zeugen? Welche? ______________________________

Hast du eine Idee, wie man euer Problem lösen kann?

____

____

____

Datum: ______________ Unterschrift: ______________

Gefühlsbarometer

Klassensoziogramm[34]

[34] Diese Vorlage ist für ein Soziogramm mit 24 Schüler ausgelegt. Bei Bedarf können weitere Schüler am Rand hinzugefügt werden. Es empfiehlt sich, die beliebtesten Schüler in der Mitte zu platzieren, ansonsten wird es durch die vielen Pfeile, die dann über das ganze Blatt gehen, sehr unübersichtlich.

Klassensoziogramm – Beispiel

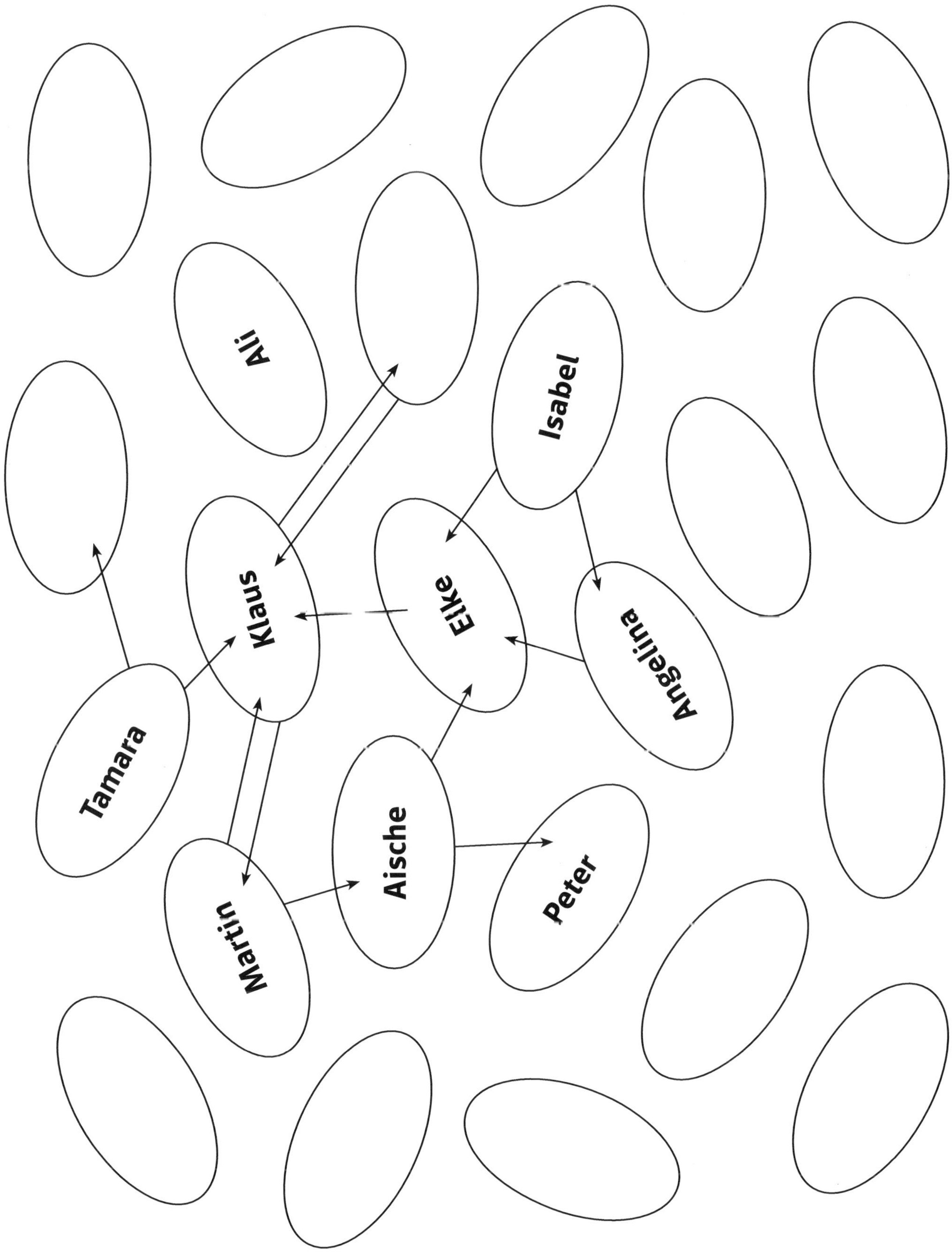

Abfrageblatt zum Klassensoziogramm

Meine Freunde

Nenne 2 Kinder, neben denen du gern sitzen würdest!

1. ______________________________

2. ______________________________

Meine Freunde

Nenne 2 Kinder, neben denen du gern sitzen würdest!

1. ______________________________

2. ______________________________

Meine Freunde

Nenne 2 Kinder, neben denen du gern sitzen würdest!

1. ______________________________

2. ______________________________

Schülerbefragungsbogen

Ich bin ein Junge ○ Ich bin ein Mädchen ○

Klassenstufe 2 ○ Klassenstufe 3 ○ Klassenstufe 4 ○

1 = stimmt genau, 2 = stimmt meistens, 3 = stimmt oft, 4 = stimmt teilweise,
5 = stimmt selten, 6 = stimmt gar nicht, 0 = weiß nicht

	1	2	3	4	5	6	0
1. Ich gehe gerne in die Schule.	○	○	○	○	○	○	○
2. Meine Klasse gefällt mir gut.	○	○	○	○	○	○	○
3. Meine Lehrer sind gerecht zu den Kindern.	○	○	○	○	○	○	○
4. Meine Lehrer erklären mir alles gut im Unterricht.	○	○	○	○	○	○	○
5. Wenn ich etwas nicht verstanden habe, helfen mir meine Lehrer.	○	○	○	○	○	○	○
6. Bei Aufsätzen helfen mir die Hinweise zur Überarbeitung stets weiter.	○	○	○	○	○	○	○
7. Im Mathematikunterricht lerne ich verschiedene Rechenwege kennen, um Aufgaben zu lösen.	○	○	○	○	○	○	○
8. Ich habe viel Spaß am Lesen.	○	○	○	○	○	○	○
9. Im Sachunterricht lerne ich, selbstständig Informationen zu suchen.	○	○	○	○	○	○	○
10. Ich lerne immer wieder in der Schule, mich bei Streitereien richtig zu verhalten.	○	○	○	○	○	○	○
11. Streitereien kann ich alleine klären oder meine Lehrer helfen mir.	○	○	○	○	○	○	○
12. In den Pausen habe ich ganz selten Ärger mit anderen Kindern.	○	○	○	○	○	○	○
13. In den Pausen hilft mir die Aufsicht bei Streitereien, falls es nötig ist.	○	○	○	○	○	○	○
14. Wenn ich möchte, finde ich in der Pause andere Kinder, die mit mir spielen.	○	○	○	○	○	○	○
15. Auf dem Schulweg habe ich keinen Ärger mit anderen Kindern.	○	○	○	○	○	○	○
16. Ich kann meine Hausaufgaben alleine machen.	○	○	○	○	○	○	○
17. Ich bin schnell mit den Hausaufgaben fertig.	○	○	○	○	○	○	○
18. Am Nachmittag verabrede ich mich oft mit anderen Kindern.	○	○	○	○	○	○	○

Auswertung zur Schülerbefragung

	Anzahl der Befragten (die 0-Bewertung nicht mitzählen)	1	2	3	4	5	6	Durch-schnitt
1.								
2.								
3.								
4.								
5.								
6.								
7.								
8.								
9.								
10.								
11.								
12.								
13.								
14.								
15.								
16.								
17.								
18.								

Auswertung zur Schülerbefragung – Beispiel Strichliste

<table>
<tr><th></th><th>Anzahl der Befragten (die 0-Bewertung nicht mitzählen)</th><th>1</th><th>2</th><th>3</th><th>4</th><th>5</th><th>6</th><th>Durch-schnitt</th></tr>
<tr><td>1.</td><td>17</td><td>卌 |||</td><td>||||</td><td>||</td><td>|</td><td>||</td><td></td><td>2,1</td></tr>
<tr><td>2.</td><td>17</td><td>卌</td><td>卌 |</td><td>|||</td><td>||</td><td>|</td><td></td><td>2,3</td></tr>
<tr><td>3.</td><td>17</td><td>||</td><td>||||</td><td>||||</td><td>|||</td><td>||||</td><td></td><td>3,2</td></tr>
<tr><td>4.</td><td>17</td><td>|||</td><td>卌</td><td>卌 |</td><td>|||</td><td></td><td></td><td>2,5</td></tr>
<tr><td>5.</td><td>17</td><td>|||</td><td>||</td><td>||||</td><td>卌</td><td>||</td><td>|</td><td>3,2</td></tr>
<tr><td>6.</td><td>13</td><td>|</td><td>|||</td><td>||</td><td>卌 |</td><td>|</td><td></td><td>3,2</td></tr>
<tr><td>7.</td><td>6</td><td>||</td><td>|</td><td></td><td></td><td></td><td>|||</td><td>3,7</td></tr>
<tr><td>8.</td><td>17</td><td>卌 |||</td><td>卌</td><td>||</td><td>|</td><td>|</td><td></td><td>2,2</td></tr>
<tr><td>9.</td><td>0</td><td></td><td></td><td></td><td></td><td></td><td></td><td></td></tr>
<tr><td>10.</td><td>17</td><td>||</td><td>|||</td><td>||||</td><td>|||</td><td>|||</td><td>||</td><td>3,2</td></tr>
<tr><td>11.</td><td>17</td><td>||</td><td>|||</td><td>||</td><td>|</td><td>卌 |</td><td>|||</td><td>3,9</td></tr>
<tr><td>12.</td><td>17</td><td>||</td><td>|||</td><td>||</td><td>|</td><td>卌 |</td><td>|||</td><td>3,9</td></tr>
<tr><td>13.</td><td>17</td><td></td><td>||</td><td>|</td><td>|||</td><td>卌</td><td>卌 |</td><td>4,7</td></tr>
<tr><td>14.</td><td>17</td><td>卌 |||</td><td>卌</td><td>||</td><td>|</td><td>|</td><td></td><td>2,2</td></tr>
<tr><td>15.</td><td>17</td><td>||||</td><td>|||</td><td>卌</td><td>||</td><td>||</td><td>|</td><td>2,9</td></tr>
<tr><td>16.</td><td>17</td><td>卌 ||||</td><td>卌 |</td><td>|</td><td></td><td></td><td>||</td><td>2,1</td></tr>
<tr><td>17.</td><td>17</td><td>|||</td><td>卌 ||||</td><td>|||</td><td></td><td>||</td><td></td><td>2,4</td></tr>
<tr><td>18.</td><td>17</td><td>卌 |||</td><td>卌</td><td>||</td><td>|</td><td>|</td><td></td><td>2,2</td></tr>
</table>

Auswertung zur Schülerbefragung – Beispiel Balkendiagramm

Soll-/Ist | Checkpoint: Alle von 1 | Interview-Partner: 144 von 190

SN	G-1	Frage	T-A	6 5,5 5 4,5 4 3,5 3 2,5 2 1,5 1	
1	Output	Ich gehe gern in die Schule.	142	2	2,15
2	Output	Meine Klasse gefällt mir gut.	140	2	1,7
3	Pädkom	Meine Lehrer sind gerecht zu den Kindern.	139	2	1,63
4	Fach	Meine Lehrer erklären mir alles gut im Unterricht.	141	2	1,54
5	Pädkom	Wenn ich etwas nicht verstanden habe, helfen mir meine Lehrer.	144	2	1,54
6	Fach	Bei Aufsätzen helfen mir die Hinweise zur Überarbeitung stets weiter.	113	2	1,88
7	Fach	Im Mathematikunterricht lerne ich verschiedene Rechenwege kennen, um Aufgaben zu lösen.	136	2	1,44
8	Fach	Durch die Schule habe ich viel Spaß am Lesen.	134	2	2,19
9	Fach	Im Sachunterricht lerne ich, selbstständig Informationen zu suchen.	128	2	1,86
10	Fach	Ich lerne immer wieder in der Schule, mich bei Streitereien richtig zu verhalten.	135	2	1,82
11	Überfach	Streitereien kann ich alleine klären oder es helfen mir meine Lehrer.	137	2	1,77
12	Output	In den Pausen habe ich ganz selten Ärger mit anderen Kindern.	139	2	2,01
13	Überfach	In den Pausen hilft mir die Aufsicht bei Streitereien, falls es nötig ist.	137	2	1,87
14	Überfach	Wenn ich möchte, finde ich in der Pause andere Kindert, die mit mir spielen möchten.	139	2	1,9
15	Output	Auf dem Schulweg habe ich keinen Ärger mit anderen Kindern.	139	2	1,63
16	Pädkom	Ich kann meine Hausaufgaben alleine machen.	144	2	1,74
17	Pädkom	Ich bin schnell mit den Hausaufgaben fertig.	141	2	2,21
18	Output	Am Nachmittag verabrede ich mich oft mit anderen Kindern.	140	2	2,53

Elternbefragungsbogen

Mein Kind ist ein Junge ○ Mein Kind ist ein Mädchen ○

Klasse 1 ○ Klasse 2 ○ Klasse 3 ○ Klasse 4 ○

1 = stimmt genau, 2 = stimmt meistens, 3 = stimmt oft, 4 = stimmt teilweise,
5 = stimmt selten, 6 = stimmt gar nicht, 0 = weiß nicht

	1	2	3	4	5	6	0
1. Mein Kind geht gerne zur Schule.	○	○	○	○	○	○	○
2. Es äußert sich immer sehr positiv über das Verhalten der Lehrer.	○	○	○	○	○	○	○
3. Die Schulräumlichkeiten sind ansprechend gestaltet.	○	○	○	○	○	○	○
4. Den Lehrern gelingt es, für ein angenehmes Lernklima zu sorgen.	○	○	○	○	○	○	○
5. Mein Kind fühlt sich von den Lehrern immer gerecht behandelt.	○	○	○	○	○	○	○
6. Mein Kind freut sich grundsätzlich auf jeden neuen Schultag und seine Mitschüler.	○	○	○	○	○	○	○
7. Auftretende Konflikte werden zeitnah bearbeitet und gelöst.	○	○	○	○	○	○	○
8. Die Lehrkräfte kümmern sich um Konfliktlösungen.	○	○	○	○	○	○	○
9. Der Deutschunterricht wird als toll und abwechslungsreich empfunden.	○	○	○	○	○	○	○
10. Mein Kind hat Spaß am Lesen.	○	○	○	○	○	○	○
11. Im Mathematikunterricht wird mein Kind optimal gefördert.	○	○	○	○	○	○	○
12. Naturwissenschaftliche Unterrichtsinhalte werden interessant dargeboten.	○	○	○	○	○	○	○
13. Mein Kind wird fachlich gefordert und ernst genommen.	○	○	○	○	○	○	○
14. Mein Kind wird optimal auf die weiterführende Schule vorbereitet.	○	○	○	○	○	○	○
15. Mein Kind ist in der Lage, seine Hausaufgaben selbstständig zu machen.	○	○	○	○	○	○	○
16. Die Hausaufgaben können in angemessener Zeit erledigt werden.	○	○	○	○	○	○	○
17. Die Hausarbeiten werden in der Schule immer kontrolliert und besprochen	○	○	○	○	○	○	○
18. Selbstständigkeit im Arbeiten wird in vielen Fächern praktisch geübt.	○	○	○	○	○	○	○
19. Die Schule ermöglicht es uns Eltern, uns aktiv am Schulleben zu beteiligen.	○	○	○	○	○	○	○
20. Wir Eltern werden regelmäßig über die Entwicklung unserer Kinder informiert.	○	○	○	○	○	○	○
21. Wir erleben die Lehrer als fachlich kompetent und aufgeschlossen.	○	○	○	○	○	○	○
22. Kinder mit Migrationshintergrund sind voll integriert.	○	○	○	○	○	○	○
23. Wir sind mit dem Lernfortschritt unseres Kindes sehr zufrieden.	○	○	○	○	○	○	○
24. Wir sehen im Verhalten unseres Kindes deutlich den positiven Schuleinfluss.	○	○	○	○	○	○	○
25. Mein Kind kommt in der Regel völlig entspannt aus der Schule.	○	○	○	○	○	○	○
26. Mein Kind fühlt sich auf dem Schulweg sicher.	○	○	○	○	○	○	○

Auswertung zur Elternbefragung – Strichliste

	Anzahl der Befragten (die 0-Bewertung nicht mitzählen)	1	2	3	4	5	6	Durch-schnitt
1.								
2.								
3.								
4.								
5.								
6.								
7.								
8.								
9.								
10.								
11.								
12.								
13.								
14.								
15.								
16.								
17.								
18.								
19.								
20.								
21.								
22.								
23.								
24.								
25.								
26.								

Auswertung zur Elternbefragung – Beispiel Balkendiagramm

Soll-/Ist | Checkpoint: Alle von 1 | Interview-Partner: 156 von 500

SN	G-1	Frage	T-A	6 5,5 5 4,5 4 3,5 3 2,5 2 1,5 1
1	Output	Mein Kind kommt in der Regel völlig entspannt aus der Schule	154	2 / 2.09
2	Pädkom	Es äußert sich immer sehr positiv über das Verhalten der Lehrer	154	2 / 2.1
3	Matrahm	Die Schulräumlichkeiten sind ansprechend gestaltet.	150	2 / 2.25
4	Pädkom	Den Lehrern gelingt es, für ein angenehmes Lernklima zu sorgen	142	2 / 2.29
5	Pädkom	Mein Kind fühltsich von den Lehrern immer gerecht behandelt.	154	2 / 2.19
6	Output	Mein Kind freut sich grundsätzlich auf jeden neuen Schultag und seine Mitschüler	156	2 / 2.07
7	Überfach	Auftretende Konflikte werden zeitnah bearbeitet und gelöst.	147	2 / 2.05
8	Überfach	Die Lehrkräfte kümmern sich um Konfliklösungen.	147	2 / 2.01
9	Fach	De Deutschunterricht wird als toll und abwechslungsreich empfunden.	142	2 / 2.08
10	Meth	Im Mathematikunterricht wird mein Kind optimal gefördert.	146	2 / 2.08
11	Fach	Naturwissenschaftliche Unterrichtsinhalte werden interessant dargeboten	135	2 / 1.85
12	Pädkom	Mein Kind wird fachlich gefordert und ernst genommen.	146	2 / 2.01
13	Pädkom	Mein Kind wird optimal auf die weiterführende Schule vorbereitet.	122	2 / 1.96
14	Pädkom	Mein Kind ist in der Lage, seine Hausaufgaben selbstständig zu machen	156	2 / 1.74
15	Koop	Die Hausaufgaben können in angemessener Zeit erledigt werden.	154	2 / 1.81
16	Pädkom	Die Hausarbeiten werdenin derSchule immer kontrolliert und besprochen.	146	2 / 1.95
17	Pädkom	Selbständigkeit im Arbeiten wird in vielen Fächern praktisch eingeübt.	130	2 / 1.86
18	Koop	Die Schule ermöglicht es uns Eltern, sich aktiv am Schulleben zu beteiligen.	147	2 / 2.01
19	Pädkom	Wir Eltern werden regelmäßig über die Entwicklung unserer Kinder informiert.	154	2 / 2.14
20	Fach	Wir erleben die Lehrer als fachlich kompetent und aufgeschlossen.	145	2 / 1.78
21	Output	Kinder mit Migrationshintergrund sind voll integriert.	113	2 / 1.96
22	Schulweg	Wir sind mit dem Lernfortschritt unseres Kindes sehr zufrieden.	154	2 / 1.81
23	Output	Wir sehen im Verhalten unseres Kindes deutlich den positiven Schuleinfluss	148	2 / 2.15
24	Schulweg	Mein Kind fühlt sich sicher auf dem Schulweg.	156	2 / 1.64

Anschreiben zur Elternbefragung

Liebe Eltern,

heute wende ich mich mit einem besonderen Anliegen an Sie. Mit diesem Schreiben erhalten Sie einen Fragebogen. Durch die Fragen möchte ich erfahren, wie zufrieden Sie mit unserer Schule/Klasse sind.

Ihre Meinung ist mir hier sehr wichtig. Ich möchte von Ihnen wissen, was an unserer Schule schon gut läuft und was Ihrer Meinung nach verbessert werden kann.

Durch diese Befragung bekommen wir wichtige Hinweise für unsere Arbeit.

Diese Befragung erfolgt anonym. Deshalb geben Sie bitte den Fragebogen im geschlossenen Briefumschlag an die Schule zurück.

Natürlich werde ich Sie über das Ergebnis dieser Befragung auf dem nächsten Elternabend informieren.

Vielen Dank für Ihre Bemühungen!

Mit freundlichem Gruß

Bitte geben Sie den Fragebogen bis ____________________ Ihrem Kind mit in die Schule. Dort kommt er in eine Sammelbox. Diese wird erst geöffnet, wenn die Befragung abgeschlossen ist.

Pausenkarte

Pausenkarte Name: ________________	Pausenkarte Name: ________________
Pausenkarte Name: ________________	Pausenkarte Name: ________________
Pausenkarte Name: ________________	Pausenkarte Name: ________________

Pausen-Ticket

Pausen-Ticket

Name: ____________ Kl.: ________

○ 1. Pause ○ 2. Pause

○ Schimpfwörter/Beleidigungen
○ schlagen
○ treten
○ ärgern
○ nicht in Ruhe lassen
○ spucken
○ nicht auf die Aufsicht hören

Bemerkung:

____
____
____

Datum: ____________

Unterschrift: ____________

Pausen-Ticket

Name: ____________ Kl.: ________

○ 1. Pause ○ 2. Pause

○ Schimpfwörter/Beleidigungen
○ schlagen
○ treten
○ ärgern
○ nicht in Ruhe lassen
○ spucken
○ nicht auf die Aufsicht hören

Bemerkung:

____
____
____

Datum: ____________

Unterschrift: ____________

Schweigepflichtentbindung

Name: ______________________________

Straße: ______________________________

Wohnort: ______________________________

SCHWEIGEPFLICHTENTBINDUNG

Hiermit entbinde ich folgende Einrichtungen/Personen: Kindergarten, Hort, Jugendamt, Ärzte, Psychologen und Therapeuten von der Schweigepflicht bezüglich meines Sohnes / meiner Tochter: ______________ geb. am: ______________ gegenüber der Schule: ______________. Diese Schweigepflichtentbindung gilt umgekehrt auch für die Schule: ______________.

Diese Schweigepflichtentbindung kann jederzeit schriftlich wieder zurückgenommen werden und erlischt spätestens mit dem Ende des Besuchs dieser Schule.

Datum: ______________________________

Unterschriften der Sorgeberechtigten (Eltern):

____